플라톤 읽기

세창사상가산책19

플라톤 읽기

초판 1쇄 인쇄 2020년 2월 20일
초판 1쇄 발행 2020년 2월 28일
‒

지은이 이강서
펴낸이 이방원
기획위원 원당희
편 집 윤원진 · 김명희 · 안효희 · 정우경 · 송원빈 · 최선희
디자인 손경화 · 박혜옥 · 양혜진
영 업 최성수   **기획 · 마케팅** 정조연   **업무지원** 김경미
‒

펴낸곳 세창미디어
출판신고 2013년 1월 4일 제312-2013-000002호
주소 03735 서울시 서대문구 경기대로 88 냉천빌딩 4층
전화 02-723-8660   팩스 02-720-4579
이메일 edit@sechangpub.co.kr   홈페이지 http://www.sechangpub.co.kr/
‒

ISBN 978-89-5586-599-8 04160
      978-89-5586-191-4 (세트)

세창사상가산책 | PLATON

플라톤 읽기

이강서 지음

19

세창미디어
MEDIA

머리말

 누구든 플라톤 철학을 제대로 이해하고자 한다면 그가 쓴 대화편을 읽어야 한다. 더 나아가 서양의 대학에서는 플라톤 철학에 국한되지 않고 아예 철학 자체에 입문하는 좋은 방법이란 곧 플라톤의 대화편들을 읽는 것이라는 말이 상식으로 통한다. 필자가 경험한 1980-1990년대 독일 뮌헨대학교에서 한 학기에도 예닐곱 개의 플라톤 세미나가 열렸던 까닭이다. 더구나 꼭 서양 고대철학 전공자가 아니더라도 이를테면 윤리학자가 플라톤 『국가』를, 정치철학자가 『폴리티코스』를, 헤겔 철학 전공 교수가 『소피스테스』를 주 텍스트로 삼아 대학 신입생 세미나를 진행하는 것을 흔히 보았다. 이것은 나토르프P. Natorp(1854-1924)가 '철학이라는 건물에 들어서려면 반드시 플라톤이라는 현관을 통과해야 한다'는 취지로 말한 것과 일치한다. 2,500년이라는 긴 역사를 가진 철학이라는 학문을 수많은 철학자들이 그 안에서 살고 있는 큰 건물이라고 생각해 보자. 만일 어떤 이가 이 건물에 새로 들어오고자 한다면, 그러니까 철학이라는 학문에 글자 그대로 입문入門하고자 한다면, 우선 이 건물의 현관을 지나야 하는데 이 현관이 바로 플라톤 철학이라는 것이다. 필자 역시 이 생각을 공유하는 터라 독일 로볼트 출판사 인물평전 시리즈Rowohlts Bildmonographien 가운데 플라톤 편을 번역하고서 그 제목을 『진리의 현관 플라톤』이라고 붙여 보았다.

이런 사정 아래에서도 플라톤 철학 전반을 기술하는 개설적 입문서 역시 그 필요성이 있다고 본다. 다만 플라톤의 경우 이런 입문서의 역할은 독자들로 하여금 대화편들을 읽겠다는 생각이 들도록 만드는 데에 그친다고 생각한다. 또 플라톤 입문서를 자처하는 이 책은 몇몇 대화편을 검토하는 방식으로 독자들을 플라톤 철학에로 이끌려고 한다. 다시 말하지만 플라톤 철학은 입문서만 읽어서는 제대로 입문할 수 없다. 입문서를 통해서 대화편에 가닿아야 한다.

　신플라톤주의의 마지막 철학자들 가운데 한 사람인 올림피오도로스Olympiodoros는 플라톤의 대화편 『알키비아데스 1』에 대한 주석서에 「플라톤의 전기Vita Platonis」를 서문 격으로 붙였다. 오늘날에는 이 대화편이 플라톤에 의해서가 아니라 그의 제자들 가운데 한 사람에 의해서 쓰였다는 주장이 제기되는 형편이나, 신플라톤주의자들은 흔히 이 대화편을 읽고 해석하는 것을 플라톤 철학에 입문하는 길로 여겼다고 한다. 올림피오도로스는 이 플라톤 전기에서 플라톤 철학의 다면성多面性과 그로 인한 해석의 어려움을 잘 보여 주는 이야기를 전하고 있다. "플라톤이 죽기 얼마 전에 꿈을 꾸었는데, 그 꿈에서 그는 아폴론의 새인 백조로 변했다. 많은 사람이 이 백조를 활로 쏘아 떨어뜨리려 무진 애를 썼는데도 이 새는 어찌나 빠르게 이 나무에서 저 나무로 옮겨 다니는지 결국 사람들은 이 새를 맞추어 잡는 일을 포기할 수밖에 없었다. 소크라테스 학파의 심미아스Simmias는 이 꿈을 다음과 같이 풀이했다. '플라톤은 그의 철학을 해석하려는 모든 노력을 무위로 돌리게 할 것이다. 그의 저술은 호메로스Homeros의 경우와 마찬가지로 지극히 다면적이어서 그의 사상을 어느 한 가지로 고정시켜 이해하기란 불가능하다.'"[01] 이처럼 올림피오도로스는 죽음을 앞두고 플라톤이 꾸었다는 꿈을 소개하고는 그 꿈을 플라톤 철학의 다면성과 그로 인한 해석의 어려움을 말하는 것으로 보는 견해까지 전하고 있다.

그런데 연구자 앨런Reginald E. Allen은 바로 이 다면성에서 플라톤 철학의 진가를 찾을 수 있다고 본다. "플라톤은 고대 말기에는 플로티노스의 모습으로 나타나고, 중세에는 크리스천이 되었다. 지난 세기에는 칸트주의자가 되었다가 곧이어 헤겔주의자가 되었다. 금세기에 들어서 플라톤은 실재론자가 되었다가 이내 개념 분석에로 나아갔다. 이러한 것은 전혀 놀라운 일이 되지 못한다. 마치 불꽃이 튀듯, 우리 마음 안에 서로 다른 불씨를 지피고 여러 가지 해석을 가능하게 하는 것이야말로 플라톤주의의 생명을 영원하게 만드는 천재성이다. … 플라톤이 무엇을 의미했는가를 둘러싸고 견해가 갈릴 것이고, 바로 이 견해의 불일치에 미래의 건강함과 희망이 놓여

---

[01] L. G. Westerink(ed.), *Olympiodoros, Commentary on the First Alcibiades of Plato*, Amsterdam, 1956, p. 6.

있다고 할 수 있다."[02]

  이 입문서 역시 올림피오도로스의 예고처럼 플라톤 철학을 빗맞히는 것으로 그칠지도 모른다. 그렇더라도 독자들을 될 수 있는 대로 플라톤 철학 가까이로 이끌고 플라톤 대화편들을 읽겠다고 마음먹게 하려고 한다.

[02] R. E. Allen(ed.), *Studies in Plato's Metaphysics*, London/New York, 1965, p. xii.

일러두기

이 책의 많은 내용은 필자의 다른 저술들과 부분적으로 겹친다. 주로 참고한 글들은 다음과 같다.

이강서, 「플라톤의 PAIDEIA 이념」, 『대동철학』 제8집, 2000.

_____, 「exoterika와 esoterika―희랍철학의 두 통로」, 『범한철학』 제24집, 2001.

_____, 「튀빙엔 학파―연원과 쟁점」, 『범한철학』 제64집, 2012.

_____, 『죽음을 생각한다는 것』, 모시는사람들, 2015.

_____, 「사랑이 모든 것을 이긴다」, 『고전에 비추어보다』, 심미안, 2017.

_____, 「플라톤의 편지 지중해를 건너다」, 『마음으로 닿기를… 편지』, 심미안, 2019.

1

태어났고, 썼고, 죽었다

1
소크라테스와의 만남과 소크라테스의 죽음

아테네의 아크로폴리스akropolis 남쪽 기슭에는 두 개의 극장이 있다. 그 하나는 디오니소스 극장이고, 다른 하나는 헤로데스 아티쿠스 극장이다. 연극의 신 디오니소스의 이름을 딴 디오니소스 극장은 연극이라는 예술 장르가 탄생한 곳이라 할 수 있다. 한때는 이곳에서 민회가 열리기도 했다고 한다. 지금은 세월의 무게를 이기지 못하고 비탈의 객석이 많이 허물어져 공연이 이루어지지는 못한다. 건축비를 댄 재력가의 이름을 붙인 헤로데스 아티쿠스 극장은 그 보존 상태가 좋고 지금도 음악이나 연극 공연이 빈번하게 벌어진다. 우리나라 성악가 조수미도 이 무대에 섰다. 대략 기원전 407년 디오니소스 극장 앞에서 소크라테스와 플라톤은 운명적으로 조우한다. 62세의 소크라테스에게는 이미 그를 따르는 많은 젊은이가 있었으므로 20세의 플라톤이 이 그룹에 합류했다고 표현해야 옳을 것이다.

아테네 명문 귀족 집안 출신으로 준수한 용모를 지닌 플라톤Platon(기원전 427-347)은 소크라테스와 만나기 전까진 정치인이나 시인이 되겠다는 소망을 품었던 것으로 보인다. 그의 어머니 페릭티오네Periktione는 그리스의 걸출한 정치가이자 시인인 솔론Solon의 후손이고, 아버지 아리스톤Ariston의 가계는 아테네의 전설적인 임금 코드로스Kodros와 연결된다. 말하자면 플라톤은 둘째가라면 서러워할 아테네 명문 귀족 가문에서 태어났다. 27년에 걸친 펠로폰네소스 전쟁에서 아테네가 패하자 승전국 스파르타는 아테네에 종래의 민주정 대신 과두정을 세우는데, 이 과두정 체제 아래 아테네를 좌지우지한 30명의 정치가들 가운데 핵심 인물이던 크리티아스Kritias는 플라톤의 어머니와 사촌 사이, 그러니까 플라톤의 외당숙이고, 카르미데스Charmides는 플라톤의 외삼촌이다. 이런 가정 환경으로 인해 플라톤은 젊어서는 현실 정치에 종사할 생각을 가졌던 것으로 보인다. 주변 인물들도 그에게 정치의 길에 들어서라고 권했다고 한다. 다른 한편 플라톤은 놀라운 글솜씨를 지녔고 시인이 되려는 생각도 했던 것 같다. 플라톤이라는 이름이 그의 글재주의 풍부함platytes에서 비롯되었다는 주장도 있다. 훗날 키케로Cicero는 플라톤의 빼어난 글솜씨를 두고 "만일 제우스가 희랍어를 할 줄 알았다면 플라톤보다 더 풍부한 언어를 구사하는 자가 누구인지 물었을 것"이라고 한다. 이처럼 장차 정치인이나 시인이 되고자 했던 청년 플라톤은 소크라테스를 만남으로써 일생일대의 방향 전환을 꾀한다.

사상가 파스칼B. Pascal은 인류의 역사는 만남의 역사라고 했다. 플라톤과 소크라테스의 만남은 이 말을 실감케 한다. 만남이 방향 전환을 가져왔다. 이 만남을 디오게네스 라에르티오스Diogenes Laertios는 이렇게 전한다. "플라톤은 막 비극 경연 대회에 참가하려다 디오니소스 극장 앞에서 소크라테스의 말을 듣고는 '헤파이스토스여 어서 오라, 플라톤이 그대를 필요로 하노라'라는 말과 함께 자기의 작품을 불살랐다."[03] 디오게네스 라에르티오스가 전하는 기록에서 플라톤은 호메로스의 표현을 비틀고 있다. 『일리아스』를 보면 파트로클로스가 헥토르에게 져서 아킬레우스의 장비를 잃어버리자 그의 어머니 테티스가 신들의 대장장이인 헤파이스토스를 불러내 아들 아

<hr>

03 Diogenes Laertius, *Lives of Eminent Philosophers*, III 5.

킬레우스에게 새 무기를 만들어 주도록 부탁한다. "헤파이스토스여 어서 오라, 테티스가 그대를 필요로 하노라."[04] 테티스가 그랬던 것처럼 이번에는 플라톤이 새로운 무기, 새로운 장비를 요구하는 셈이다. 그는 이 장비를 소크라테스를 통해서 얻게 되는데, 그것은 곧 철학이다.

『국가』의 '동굴의 비유'에서 플라톤은 죄수가 어두운 동굴로부터 기어 나와 태양 아래 찬란히 빛나는 사물의 원래 모습을 보는 과정을 보여 준다. 그는 우리의 혼이 밤과도 같은 어둠에서 벗어나 낮의 광명으로 옮겨 가는 힘든 이행 과정을 '혼의 방향 전환psyches periagoge'이라고 부른다(『국가』 521c). 이 대목에서 중심 역할을 하는 개념이 '페리아고게'인데, 같은 의미로 '페리스트로페peristrophe'(『국가』 521c)나 '메타스트로페metastrophe'(『국가』 525c)라고도 한다. 동일한 의미 혹은 비슷한 의미의 어휘로 페리아고게, 페리스트로페, 메타스트로페를 제치고 더욱 널리 알려진 것은 '메타노이아metanoia'이다. 흔히 메타노이아를 한자어 '회두回頭'로 옮긴다. 한 사람이 지금껏 바라보던 것과는

---

04 호메로스, 『일리아스』, XVIII 392.

반대되는 방향을 바라보는 것, 동굴 안으로부터 동굴 밖으로 나오는 것은 마치 고개를 획 돌리는 것과 같다.

메타노이아는 지금까지의 삶과는 결연히 결별하고 완전히 다른 삶을 살겠다는 확고한 의지를 드러낸다. 따라서 회두는 비유적 표현이다. 실은 고개를 돌리는 것이 아니라 마음을 고쳐먹는 것이다. '회심回心'이다. 시간이 지나면서 메타노이아는 종교적 색채를 띠게 되고, 이럴 경우 '회심悔心' 혹은 '회개悔改'로 번역된다. 예컨대 세례자 요한이 들판에서 소리 높이 외친 것도 '메타노이아'였을 것이다. 메타노이아는 결연한 단절과 결단을 요구한다. 한 사람의 일생은 메타노이아 이전과 이후로 나뉜다. 플라톤의 경우 디오니소스 극장 앞에서 소크라테스를 만난 일이 페리아고게요 메타노이아였다. 플라톤에게 소크라테스와의 만남은 자신의 인생 항로에서 결정적 방향 전환을 가져오는 일이었다. 시인이나 정치가의 길을 버리고 철학자의 길로 들어선 것이다.

이토록 중요한 만남이라면 아마도 둘 사이에 범상치 않은 교감이 있었을 것으로 추정하는 것도 무리가 아닐 것이다. 그래서 다음과 같은 꿈 이야기가 전해져 내려온다. 어느 날 소크라테스가 꿈을 꾸었는데, 그 꿈에서 아직 어려 날지 못하는 작고 어린 새끼 백조를 무릎 위에 놓고 얼러 대면서 놀고 있었다고 한다. 그런데 갑자기 백조에게 날개가 돋더니 이윽고 푸드득 창공을 향해 날아가더라는 것이다. 다음 날 한 청년이 소크라테스에게 안내되어 왔다고 한다. 소크라테스는 그 청년을 유심히 보더니 "자네가 어젯밤 꿈의 그 백조로군"이라고 말했다고 한다.[05]

시간이 흘러 기원전 399년 어느 날, 델로스를 떠난 문제의 배 한 척이 아테네에 도착했다. 이 배는 델로스섬에 파견되었다가 이제 막 돌아온 터다. 아테네 사람들이 키클라데스 제도의 작은 섬 델로스에 종교 사절단을 보내게 된 내력은 이렇다. 크레테의 왕 미노스Minos의 아들 안드로게오스Androgeos는 파나테나이아Panathenaia 축제의 경기에 참가했다가 살해된다. 이 일로 인해 미노스가 아테네를 포위하기에 이르는데, 아테네 왕 아이게우스Aigeus는 9년마다 젊은 남녀 일곱 쌍을 반인반수 미노타우로스Minotauros에게 제물로 바치기로 약속한다.

---

05 Diogenes Laertius, *Lives of Eminent Philosophers*, III 5.

아이게우스의 아들 테세우스Theseus는 이 일행으로 가기를 자청한다. 테세우스는 자신에게 반한 미노스의 딸 아리아드네 Ariadne의 도움을 받아 미궁labyrinthos 속의 미노타우로스를 죽이고 일행을 구해 낸다. 이 일을 계기로 아테네 사람들은 감사의 뜻을 담아 매년 델로스섬으로 종교 사절단을 보내게 된다.

이 종교 행사는 제관이 사절단을 싣고 가는 배의 뒷부분에 꽃 장식을 다는 것으로 시작된다. 그런데 소크라테스의 재판 바로 전날에 이 일이 있었다. 이 배가 아테네로 돌아오기까지는 온 나라를 정결히 하며 사형 집행을 중지했다고 한다. 소크라테스가 사형을 선고받고 대략 한 달 동안 감옥에 갇혀 있었던 것은 이 때문이다. 이 배가 돌아온 다음 날을 시간적 배경으로 삼은 것이 『파이돈』이다. 소크라테스가 갇혀 있던 기간 매일 모였던 제자들이 이날엔 평소보다 일찍 모인다. '혼의 불멸'을 주제로 한 대화를 마치고서 소크라테스는 독미나리를 갈아 만든 독약을 마시고 죽음을 맞는다. 기원전 399년의 일이다. 소크라테스의 죽음은 플라톤에게는 소크라테스와의 만남에 이은 또 한 번의 생의 변곡점이 된다.

2
사유를 전달하는 두 통로

철학자 하이데거Heidegger를 가리켜 어떤 평론가는 "태어났고, 사유했고, 죽었다"라고 짤막하게 표현했다. 평론가의 이 짧은 표현은 실은 하이데거뿐만 아니라 모든 철학자에게 해당한다. 철학자는 무슨 일을 하는가? 도대체 철학자가 하는 일이 무엇인가? '사유'가 철학자의 일이다. 철학자는 태어나서 죽기까지 사유하고 사유한다. 그런데 '사유의 전달'이 문제가 된다.

이와 관련해서 서양에는 '엑소테리카exoterika'와 '에소테리카esoterika'라는 한 쌍의 개념이 있다. 이 개념들은 희랍어 형용사 엑소테리코스exoterikos와 에소테리코스esoterikos에서 온 것이고, 이 형용사 쌍은 다시금 희랍어 전철로서 각각 '밖으로'와 '안으로' 정도를 뜻하는 엑소exo와 에소eso에서 파생되었다. 그래서 '엑소테리카'와 '에소테리카'는 일차적으로 '엑소'와 '에소'가 뜻하는 바와 같이 '밖으로 향하는 것, 대외적인 것'과 '안으로 향하는 것, 대내적인 것'을 의미한다. 이 '대외적/대내적' 사이의 구별이 시간이 흐르면서 '공개적/비공개적', '대중적/전문적'이라는 구별로 이어진다. 더 나아가서 이 구별은 사상이 전달되는 대상과 관련하여 '다수의 사람들/소수의 사람들', 사상이 전달되는 매체와 관련하여 '글/말', 또 다른 관점에서는 '독서 대중/청중'이라는 구별을, 플라톤의 경우에는 '아카데미아 밖의 사람들/아카데미아의 구성원들'이라는 구별을 낳게 된다.

플라톤은 사유했고, 다수의 '아카데미아 밖의 사람들'을 대상으로 대화편을 썼으며, 소수의 제자들을 대상으로 아카데미아에서 구두로 강의했다고 할 수 있다. 플라톤의 '글'은 '엑소테리카'에, 플라톤의 '말'은 '에소테리카'에 해당한다고 하겠다.

플라톤은 평생에 걸쳐 글을 썼고 그 결과 많은 저술을 남겼다. 어떤 이는 플라톤을 두고 "쓰면서 죽었다, 쓰다가 죽었다 mortuuns scribens"라고 했다. "쓰면서 죽었다"라는 표현을 조금 바꾸면 "죽으면서까지 썼다"라는 것이 된다. 그가 남긴 저술들은 형식적으로 매우 독특하다. 마치 연극 대본처럼 등장인물 사이의 대화로 구성되어 있다. 그래서 우리는 그의 작품들을 '대화편dialogos, dialogue, Dialog'이라고 부른다. 희랍어 '디알로고스dialogos'는 '로고스를 주고받는 것'을 말한다.

플라톤이 남긴 대화편들을 연구자들은 그 성립 시기에 따라 '초기 대화편', '중기 대화편', '후기 대화편'으로 분류한다. 『소크라테스의 변론』, 『크리톤』, 『라케스』 등 초기 대화편들은 플라톤이 자신의 스승 소크라테스를 세상에 알리겠다는 의도를 강하게 드러낸 것들로서 '소크라테스적 대화편'이라고도 불린다. 이 초기 대화편들에는 흔히 플라톤 철학의 핵심으로 받아들여지는 이른바 '이데아 이론theory of ideas'의 싹이 담겨 있는 것으로 평가된다. 『파이돈』, 『국가』, 『심포시온』은 중기 대화편들 가운데에서도 가장 중요하고도 오늘날에 이르기까지 가장 널리 읽힌 삼총사라 할 만하다. 바로 이 세 대화편에 고전적 형태의 '이데아 이론'이 가장 잘 드러난다. 그런가 하면 『파르메니데스』, 『테아이테토스』, 『필레보스』 등 후기 대화편은 말년의 플라톤 철학이 담긴 것으로서 중기에 확립된 '이데아 이론'의 응용과 적용을 시도한다는 성격이 강하다.

초기 대화편에서 중기 대화편을 거쳐 후기 대화편에 이르는 동안 우리는 소크라테스의 영향력이 변화하는 것을 알 수 있다. 초기 대화편에서는 소크라테스가 대화를 주도하고, 중기 대화편에서는 소크라테스와 대화 상대가 거의 대등하게 주장을 주거니 받거니 하다가, 후기 대화편에서는 오히려 소크라테스의 대화 상대가 주로 의견을 개진하고 소크라테스는 이에 반응하는 모습을 보이다가 급기야 마지막 작품 『법률』에는 소크라테스가 등장하지 않는다.

오늘날 우리는 모두 26 내지 27편의 대화편을 전승받고 있다. 26편 혹은 27편이라고 확정적으로 말하지 못하고 애매하게 '26 내지 27편'이라고 말하는 이유가 있다. 『힙피아스』라는 이름을 가진 두 대화편이 존재하기 때문이다. 그래서 연구자들은 어느 하나는 『대힙피아스Hippias meizon, Hippias major』로, 다른 하나는 『소힙피아스Hippias ellaton, Hippias minor』로 불러 구별한다. 그런데 이 『대힙피아스』를 두고 오랜 연구에도 불구하고 진작眞作이라는 의견과 위작僞作이라는 의견이 팽팽히 맞선다. 그러니까 『대힙피아스』를 진작으로 보면 플라톤 대화편은 27편이요, 위작으로 보면 26편이 되는 것이다. '26 내지 27편'이라고 애매하게 표현할 수밖에 없는 이유이다. 오랜 세월 동안의 연구로 학자들이 합의에 이른 플라톤 대화편 목록은 다음과 같다. 플라톤은 이 목록의 순서대로 집필했을 것으로 보인다.

초기 대화편

『소크라테스의 변론*Apologia Sokratous, Apologia*』, 『크리톤*Kriton*』, 『라케스*Laches*』, 『리시스*Lysis*』, 『카르미데스*Charmides*』, 『에우티프론*Euthyphron*』, 『소힙피아스*Hippias ellaton*』, 『대힙피아스*Hippias meizon*』(?), 『프로타고라스*Protagoras*』, 『고르기아스*Gorgias*』, 『이온*Ion*』

중기 대화편

『메논*Menon*』, 『파이돈*Phaidon*』, 『국가*Politeia*』, 『심포시온*Symposion*』, 『파이드로스*Phaidros*』, 『에우티데모스*Euthydemos*』, 『메넥세노스*Menexenos*』, 『크라틸로스*Kratylos*』

후기 대화편

『파르메니데스*Parmenides*』, 『테아이테토스*Theaitetos*』, 『소피스테스*Sophistes*』, 『폴리티코스*Politikos*』, 『티마이오스*Timaios*』, 『크리티아스*Kritias*』, 『필레보스*Philebos*』, 『법률*Nomoi*』

대화편들의 제목은 어떻게 붙여졌을까? 초기 대화편 가운데 하나, 『소크라테스의 변론』, 중기 대화편 가운데 둘, 『국가』, 『심포시온』, 후기 대화편 가운데 셋, 『소피스테스』, 『폴리티코스』, 『법률』, 도합 여섯 편을 빼고는 모두 소크라테스와 대화 상대의 이름을 딴 것이다. 그러니까 『크리톤』은 소크라테스와 크리톤 사이의 대화요, 『파이돈』은 소크라테스와 파이돈 일행 사이의 대화요, 『파이드로스』는 소크라테스와 파이드로스 사이의 대화이다. 앞에서 열거한 여섯 대화편은 사람 이름을 따지 않았다.

엄격하고 엄밀한 것을 좋아하는 사람들은 『소크라테스의 변론』은 법정 연설로서 다른 대화편과는 구별되어야 한다고 주장하기도 한다. 그런 사람들에 따르면 플라톤 저술은 '1편의 법정 연설과 25 내지 26 대화편'으로 구성된다고 하겠다. 『소크라테스의 변론』이 다른 대화편들과 다소 다른 것은 맞지만 여기에서도 소크라테스는 재판관들, 방청객들, 아테네 시민들과 대화한다는 생각으로 연설한다. 따라서 굳이 『소크라테스의 변론』만을 따로 떼어 내는 것이 큰 의미가 있는 것 같지는 않다.

플라톤의 대화편들을 인용할 때에는 프랑스 사람 헨리쿠스 스테파누스Henricus Stephanus, Henri Étienne(1528/1531-1598)가 종교 탄압을 피해 제네바에 망명해 있으면서 1578년에 편찬해 낸『플라톤 전집』의 쪽수와 문단 표시 기호를 따르도록 약속되어 있다. 이를 '스테파누스 쪽수Stephanus pages'라고 한다. 가령 '『국가』451c'라면 플라톤 대화편『국가』451쪽 c 문단(세 번째 문단)을 가리킨다.

3
왜 대화인가

철학자는 사유하고 그 사유의 결과를 글로 쓴다. 그런데 플라톤은 독특하게도 자신의 생각을 대화의 형식에 담아 내놓았다. 왜 플라톤은 다른 많은 사상가들이 그랬던 것처럼 우리가 흔히 보는 논문식의 글이 아니라 하필 대화편을 썼을까? 이 점을 이해하기 위해서는 다소 긴 설명이 필요하다.

한 사람이 자신의 생각을 다른 사람들에게 전달하는 방법에는 두 가지가 있다. 말로 하는 방법과 글로 하는 방법이 바로 그것이다. 그런데 무언가를 전달할 때 그 전달받는 대상이 되는 사람들이 어떤 사람들이냐가 중요하다. 만일 어떤 글이 초등학생들을 대상으로 하거나 또는 철학 교수들을 대상으로 한다면, 글을 쓰는 사람은 경우에 따라 다르게 써야만 할 것이다. 플라톤은 바로 이 점을 크게 염두에 두었다. 그는 철저하게 철학적 수련을 받은 소수의 사람들과 철학적 작업과 무관한 다수의 사람들을 확연히 구분하고서, 엄격한 입문 과정을 거친 소수의 제자들에게는 그가 세운 아카데미아에서 구두로 강의하는 한편, 다수의 독서 대중을 위해서는 대화편을 썼던 것이다.

희랍인들은 그들의 문자 알파벳을 기원전 8세기 중엽 페니키아인들에게서 받아들였다. 이 사건은 엄청난 결과들을 동반하였다. 희랍 문화는 실로 문자라고 하는 이 새로운 전달 수단의 등장에 결정적으로 힘입었다고 할 것이다. 그러나 빛이 있으면 또한 그림자가 있듯이, 문자 역시 부정적인 측면도 아울러 가져왔다. 어쨌거나 알파벳의 도입과 함께 종래의 '말 중심의 문화oral culture'는 이제 서서히 '글 중심의 문화literate culture'로 이행한다. 이 대변동이 다름 아닌 플라톤이 살아 철학했던 시기에 그 절정에 다다른 것으로 볼 수 있다. 대변동의 시기에는 예외 없이 큰 철학이 나타난다. 위기가 심각하면 할수록 그에 대한 처방으로서의 깊은 사상이 요구되기 때문이다. 글 중심의 문화로의 이행이 일단락된 상황에서, 글이 갖는 한계와 위험성을 직시한 대표적인 인물이 플라톤인 것이다. 그는 많은 글을 썼다. 심지어 그는 쓰면서 죽었다고까지 전해진다. 그런데 플라톤에 있어서의 글쓰기란 역설적이게도 글에 대한 저항이다. 참으로 가치 있는 것에 대해 단 한 줄의 글이라도 적는다는 것이 가능한가의 물음에 플라톤은 힘주어 고개를 젓는다.

플라톤의 스승 소크라테스는 단 한 줄의 글도 남기지 않았다. 그에게 있어서 철학함이란 대화하는 것이 전부이다. 소크라테스의 철학 정신으로부터 결정적인 영향을 받은 플라톤도 자신의 철학을 문자화한다는 점에 대해서 그리 달가워하지 않은 것으로 보인다. 그럼에도 불구하고 굳이 문자화해야 했을 때에 플라톤이 택한 형식이 대화편이다. 플라톤은 그의 대화편들에서 구두로 행해지는 소크라테스적 대화를 될 수 있는 대로 생생하게 모방하려고 시도하는 것이다. 결국 그가 남긴 대화편들은 살아 숨 쉬는 말을 글이라는 수단을 통해서 생명력을 유지하도록 하려는 안간힘의 소산이라고 하겠다.

철학사를 둘러보면 철학자들이 다양한 방식으로 사유의 결과를 전달하려 했다는 것을 확인할 수 있다. 에피쿠로스와 세네카는 편지의 형식으로도 사유를 전달했다. 아우렐리우스의 『명상록』, 아우구스티누스의 『고백록』, 파스칼의 『팡세』, 몽테뉴의 『에세』 같은 자서전적 글쓰기가 효과적인 방식일 수도 있다. 데카르트의 『방법 서설』이나 스피노자의 『지성 개선론』은 철학자의 정신적 고양 과정을 기록한다. 멘드비랑, 키르케고르, 가브리엘 마르셀의 일기 또한 철학 저술의 한 방식이다. 아리스토텔레스, 이암블리코스, 키케로의 『호르텐시우스』와 같은 프로트렙티코스protreptikos 방식, 크란토르, 키케로, 플루타르코스, 세네카, 보에티우스 등에게서 찾아볼 수 있는 콘솔라치오consolatio 방식도 과거에는 중요한 표현 방식이었다.

플라톤 말고도 키케로, 아우구스티누스, 에리우게나, 브루노가 그러했고, 근대에 들어서도 버클리, 라이프니츠, 말브랑슈까지도 대화편의 형식으로 저술했다. 철학자가 대화의 형식으로 자신의 사유를 드러내는 것은 실은 상당 기간 동안 유지되었던 철학의 전통이었다. 스피노자의 『기하학적으로 논증된 윤리학』, 라이프니츠의 『단자론』, 칸트의 3 비판서, 헤겔의 『엔치클로페디』, 니체의 저술, 비트겐슈타인의 『트락타투스』, 사르트르의 희곡과 소설 등은 모두 각각의 독창적 철학을 그에 걸맞은 형식에 담아 내놓은 경우들이라고 할 수 있다. 오늘날 철학자들의 사유 전달 통로가 오로지 논문에로 국한되어 가는 경향을 보이는 것은 사실 오래된 일도 아니요 바람직하지도 않다고 할 수 있다.

플라톤은 많은 글을 썼으면서도 그 글 안에서 자신에 대해서는 극구 침묵한다. 이는 매우 특이한 점이라 하겠다. 이런 점을 가리켜 연구자들은 '플라톤적 익명성Platonic anonymity'이라고 부른다. 오늘날 사람들은 될 수 있는 대로 자신을 드러내고 싶어서 안달을 한다. 플라톤은 대화편들을 통틀어서 단 세 차례 자신의 이름을 드러내는데, 그것도 모두 내용상 그리 중요할 게 없는 대목에서 지나가는 말로 그렇게 한다. 최초의 저술인 『소크라테스의 변론』에서 소크라테스는 법정에 모습을 나타낸 자신의 친구와 제자를 열거하는데, 거기에 플라톤의 이름이 끼어 있다. 첫 번째 등장이다. 『소크라테스의 변론』의 다른 곳에서는 소크라테스가 벌금형을 받을 경우에 보증을 서겠다고 자청한 사람들이 나열되는데, 이 사람들 중의 하나로 플라톤도 거명된다. 두 번째 등장이다. 스승 소크라테스가 죽음을 맞는 비장한 장면을 그려 보이는 『파이돈』이라는 대화편에서는 소크라테스가 자신의 최후의 순간에 그와 함께 있었던 사람들을 열거하고서는 "플라톤은 병이 나서 없었다"라고 말한다. 세 번째이자 마지막 거명이다.

사정이 이렇다 보니 26 내지 27 대화편들에서는 플라톤 생애의 흔적을 도무지 찾아볼 수 없다. 플라톤은 자신의 대화편들에서 철저하게 소크라테스라는 가면을 쓴다. 이로부터 플라톤 저술을 읽어 내는 근본적인 어려움이 생겨난다. 플라톤 저술에서 소크라테스가 발언하는 경우 우리는 '역사적 소크라테스historical Socrates'의 말을 플라톤이 증언하는 것인지, 아니면 소크라테스가 말하지만 실은 소크라테스라는 가면을 쓴 플라톤이 말하는 것인지를 가려내야 한다. 우리는 '역사적 소크라테스'와 '플라톤이 그려 낸 소크라테스Platonic Socrates'를 구별해야 한다는 어려운 과제를 떠안게 된다.

2

편지, 지중해를 건너다

1
재구성의 주춧돌, 편지

만일 우리가 플라톤으로부터 대화편들만 전승받았다면 우리는 플라톤 및 플라톤 철학을 이해하는 데에 큰 어려움을 안게 되었을 것이다. '플라톤적 익명성'이라는 표현이 이런 정황을 잘 드러낸다. 그런데 다행스럽게 우리는 대화편들 외에도 13통의 편지를 물려받았다. 편지는 대화편들과는 전혀 다른 성격을 지닌다. 편지에는 각각의 수신인이 있고 목적이 있다. 대화편들과는 달리 편지들에서 플라톤은 하등의 자기 은폐 없이 말한다. 그래서 빌라모비츠-묄렌도르프Wilamowitz-Moellendorff는 플라톤 편지의 가치를 그 장르상의 특징과 연관해서 다음과 같이 평가한다. "만일 우리가 플라톤이 여기에서, 오로지 여기에서만, 자기 자신에 대해서 말하고 있다는 사실을 인정한다면, (플라톤 철학을 재구성하려는: 필자 보충) 우리 건축기사들이 내던져 버린 돌이 주춧돌이 되어야만 한다."

그런데 플라톤의 편지들과 관련해서는 커다란 암초가 도사리고 있다. 편지의 경우에는 동서양을 막론하고 이런저런 이유로 가짜 편지가 흔히 나돌았다. 그래서 일찍부터 가짜 편지를 가려내는 연구 영역이 확립되었다(독일어로 Pseudepigraphie 또는 Pseudepistolographie). 17세기 말 벤틀리Richard Bentley는 고대의 여러 편지들, 특히 시칠리아의 참주 팔라리스Phalaris의 편지를 연구한 끝에 고대 서간 문학 일반을 진작으로 보기 어렵다는 견해를 표명했다. 그러자 플라톤의 편지도 『제1서한』과 『제12서한』을 제외하고는 대체로 진작으로 보았던 추세에 급격한 변화가 일었고, 이런 경향은 급기야 19세기에 이르러 그 최고조에 달해서 플라톤의 이름 아래 전해지는 13통의 편지 전체를 위작으로 보게 되었다.

플라톤 연구에 있어서 19세기는 그야말로 극단적 회의의 시대였다. 플라톤의 편지 전체는 물론이거니와 오늘날 의심의 여지 없이 플라톤의 것으로 받아들여지는 대화편들도 그 당시에는 위작으로 간주되었던 것이다. 이런 경향의 역전은 20세기 초에야 비로소 이루어진다. 오늘날에는 대다수의 연구자들이 13통의 편지들 가운데 최소한 일부는 플라톤에 의해서 쓰인 것이 틀림없다고 하는 데에 의견의 일치를 보는데,

그 일부란 『제6서한』, 『제7서한』 그리고 『제8서한』이다.

　이 진작-위작 문제에 있어서는 어떤 것이 위작이라는 것을 설득력 있게 증명해 보일 수는 있어도, 어떤 것이 진작이라는 것을 증명할 수는 없다는 뵈크August Boeckh의 방법적 근본 원칙을 새삼 주목할 필요가 있다. 우리는 뵈크의 견해를 받아들여 '입증 책임Beweislast, burden of proof'을 져야 하는 쪽은 어떤 것을 진작이라고 주장하는 이들이 아니라 어떤 것이 위작이라는 것을 보이려는 이들이라고 본다. 13통의 편지 가운데에서 압도적으로 중요한 것이 바로 『제7서한』이다.

　『제7서한』은 외형적으로는 플라톤이 시라쿠사이의 디온Dion의 '친지들과 동지들oikeioi kai hetairoi'에게 보낸 편지이다. 기원전 354년에 디온이 칼립포스Kalippos 및 그의 형제인 필로스트라토스Philostratos에 의해 암살당하자 디온의 추종자들은 플라톤에게 앞으로의 대책에 대해 '자문symboulai'을 구한다. 이 요청에 응한 것이 바로 『제7서한』인데, 플라톤은 이 편지에서 세 차례에 걸친 시칠리아 방문을 보고하면서 자신이 품었던 소망, 그 소망이 좌절되는 과정, 디온, 디오니시오스Dionysios 1세, 디오니시오스 2세와의 관계를 기술한다. 그러나 시칠리아 방문의 전말에 대한 보고가 이 편지의 주된 목적은 아닌 것으로 보인다. 이렇게 볼 수 있는 것은 정작 336e에서 337e까지의 대단히 적은 부분만이 실제로 디온 추종자들에 대한 정치적 자문을 담고 있다는 사실에 근거한다. 따라서 우리는 베리R. G. Bury의 견해를 좇아서 『제7서한』의 성격을 플라톤의 '자신의 생애에 대한 변론Apologia pro vita sua'으로 이해할 수 있겠다.

『제7서한』의 내용을 검토하면 또 한 가지의 성격을 분명히 알 수 있다. 플라톤이 이 편지의 수신인으로 상정한 것은 편지에 나타나는 대로의 시칠리아 사람들이 아니라 실은 아테네 시민들이라는 점이 바로 그것이다. 그러니까 형식적 수신인, 외형상의 수신인과 실질적 수신인, 내용상의 수신인을 구별해서 보자는 것이다. 이렇게 볼 때 『제7서한』은 플라톤이 아테네 시민들에게 보낸 '공개서한'이라는 성격을 지닌다. 플라톤은 이 공개서한이라는 방식으로 그가 디온 및 디오니시오스 1세, 디오니시오스 2세와 맺은 관계를 철학과 정치의 연관성에 대한 그의 생각이 어떤 것인지를 밝힘으로써 정당화하는데, 이는 곧 노년의 플라톤이 자신의 시칠리아에서의 정치 참여를 아테네 시민들에게 납득시키려는 것으로 이해할 수 있다. 이런 역사적 배경을 고려해 볼 때 『제7서한』이 기원전 353년이나 352년, 즉 디온이 사망한 뒤이자 칼립포스가 권력을 상실하기 직전에 쓰였다는 것이 일반적으로 받아들여진다.

2
플라톤이 시칠리아로 간 까닭

디오게네스 라에르티오스는 소크라테스가 처형당한 뒤에 스물여덟 살의 플라톤이 다른 많은 소크라테스 제자들과 함께 메가라Megara의 철학자인 에우클레이데스Eukleides에게로 피해 갔다고 보고한다. 그 후에 그는 수학자인 키레네Kyrene의 테오도로스Theodoros를 방문했으며, 다시 이탈리아로 피타고라스학파의 사람들인 필롤라오스Philolaos와 에우리토스Eurytos를 찾아갔고, 끝으로 거기서 다시 이집트로 성직자들을 찾아갔다고 한다. 이러한 기술에 이어서 디오게네스 라에르티오스는 플라톤의 세 차례에 걸친 시라쿠사이Syrakousai(영어 Syracuse, 현대

이탈리아어 Siracusa) 방문을 상세히 다루고 있다.[06]

이처럼 플라톤이 여러 곳을 여행했다는 사실은 소크라테스와 플라톤 사이의 근본적인 차이를 너무도 선명하게 보여 준다. 소크라테스로 말할 것 같으면 아테네의 성문 근처로 산책을 나간다는 것조차 극히 예외적인 일이었으며, 그가 아테네를 떠난 것은 오로지 시민으로서의 의무를 수행하기 위해 세 차례 전쟁터로 갔던 것뿐이다. 『파이드로스』에서 소크라테스는 일행과 함께 대화하면서 걷다가 아테네 성문 가까이에 이르러 마치 처음 오기라도 한 듯 아름다운 경치에 감탄한다. 그러자 일행 가운데 한 사람이 선생께선 아테네 토박이시면서 이곳에 처음 오신 것이냐고 묻는다. 믿기지 않는다는 식의 물음에 소크라테스는 자신의 관심은 인간이지 자연이 아니라고 답한다. 그러니까 인간이 관심인 소크라테스는 아테네 사람, 특히 아테네 청년이 많이 모이는 곳인 아고라, 신체 단련장 등에 주로 머물렀으며, 성문 가까이에도 잘 가지 않은 그가 아테네 밖으로 갈 일은 거의 없었다고 보아야 할 것이다.

06 Diogenes Laertius, *Lives of Eminent Philosophers*, III 6.

그에 반해서 플라톤은 희랍의 여러 도시는 물론 남부 이탈리아와 시칠리아, 북부 아프리카와 이집트 등 지중해 연안을 두루 여행했다. 이 여행 중에 현지의 다양한 사람들을 만나게 되고, 이러한 만남은 플라톤에게 적지 않은 자극제가 되었던 것으로 보인다. 소크라테스를 평생 단 한 발자국도 고향 쾨니히스베르크를 떠나지 않았다는 칸트와 비교할 수 있는 반면, 플라톤은 아테네라는 범위를 넘어서는 소위 대그리스Magna Graecia의 사람, 지중해를 무대로 하는 사람이었고, 그 당시에 벌써 오늘날의 국제화, 세계화 구호에 근접했던 인물이라고 말해도 좋을 것이다. 플라톤이 했던 여행들 가운데 가장 커다란 의미를 지니는 것은 의심할 바 없이 세 차례에 걸친 시라쿠사이로의 여행이다. 이 여행의 의미를 알기 위해서는 그 당시 시칠리아의 상황을 살펴보아야 한다.

그리스인들이 언제 시칠리아로 이주하기 시작했는지는 잘 알려져 있지 않다. 최초의 확실한 증거들은 기원전 8세기에 나온다. 시칠리아의 역사는 여러 도시 국가들의 흥망성쇠로 점철되어 있다. 기원전 8세기 후반에는 낙소스Naxos, 메세네 Messene(오늘날의 Messina), 시라쿠사이, 레온티노이Leontinoi(Lentini),

메가라 히블라이아Megara Hyblaia, 카타네Katane(Catania) 등이, 기원전 7세기에는 겔라Gela와 셀리누스Selinus(Selinunte)가, 기원전 580년경에는 아크라가스Akragas(Agrigent)가 번갈아 가면서 번영을 누리는 도시 국가였다. 기원전 6세기에는 섬의 서부를 점령하고 있던 카르타고Karthago와의 분쟁이 시작된다. 기원전 480년에 시라쿠사이의 겔론Gelon과 아크라가스의 테론Theron이 히메라Himera에서 카르타고 군대를 결정적으로 물리친다. 시라쿠사이는 시칠리아의 그리스 식민 도시들 가운데 군림하는데, 그것은 특히 헤르모크라테스Hermokrates의 지휘 아래 시라쿠사이 군대가 기원전 415년에서 413년에 걸쳐서 아테네군을 격퇴하고 급기야 섬멸하는 데에 성공한 이후의 일이다.

얼마 지나지 않아 카르타고군의 공격이 다시 시작되어 섬의 서부에 있는 도시 국가들이 점령되는데 특히 아크라가스는 초토화된다. 기원전 406년의 일이다. 405년에 카르타고군이 시라쿠사이마저도 압박해 들어오자 시라쿠사이 사람들은 젊은 장교를 사령관으로 선택하는데, 이 사람이 같은 해에 스스로 시라쿠사이의 참주가 된다. 그가 바로 디오니시오스 1세로, 기원전 367년에 죽음을 맞이할 때까지 시라쿠사이를 다스린다. 카르타고와의 대결에 있어서 그는 무력과 외교 수단을 교묘하게 결합할 줄 알았고, 일방적으로 조약을 파기하는 음험한 방식도 불사하였다. 어찌 되었든 그는 카르타고의 영향력이 섬의 서부에만 국한되도록 하는 데 성공한다.

내정內政에 있어서는 그는 자주 잔혹하고 무자비한 방법을 동원하였다. 오늘날 이탈리아의 항구 도시 시라쿠사에는 그리스 극장과 함께 '디오니시오스의 귀'라는 독특한 이름의 고대 유적지가 있다. '디오니시오스의 귀'는 상당한 규모의 자연 동굴인데, 디오니시오스 1세가 정적들을 가두고는 그들 사이의 대화를 엿들었다고 해서 붙여진 이름이라고 한다. 디오니시오스식 가혹한 통치 방식이 엉뚱하게도 유적지의 이름에 흔적을 남긴 셈이다. 그는 친척과 친구들을 사형에 처해 버리는 것도 합당한 통치 수단으로 여겼다고 한다. 또 그는 다른 그리스 도시 국가들의 파괴도 서슴지 않았다. 예를 들어서 기원전 403년에 낙소스를 파괴해 버리는데, 이 도시는 오늘날에도 폐허로 남아 있다.

낙소스의 주민들은 파괴된 도시에서 멀지 않은 타우로메니온Tauromenion(Taormina)에 새로운 보금자리를 건설해야 했다. 이 당시에 시라쿠사이에서 중요한 역할을 수행한 또 하나의 인물은 디온Dion이다. 그는 디오니시오스 1세의 둘째 부인인 아리스토마케Aristomache의 동생이며, 또 훗날 이 누나가 낳은 딸과 결혼한다. 지금과는 전혀 다른 결혼 풍습으로 인해 디오니시오스 1세와 디온의 가계도상 관계는 매우 복잡하다. 그러니까 디온은 디오니시오스 1세의 처남이자 사위이다. 디온은 디오니시오스 1세와 첫째 부인 도리스Doris 사이의 소생인 디오니시오스 2세와 갈등을 빚게 된다. 디오니시오스 2세는 그의 부친이 사망하자 그 뒤를 이어 시라쿠사이를 참주적 지배 체제로 다스리는데, 디온과 이 새로운 지배자 사이의 갈등은 급기야 기원전 366년에 디온이 시라쿠사이를 떠나지 않을 수 없게 되는 상황으로까지 전개된다.

디온은 아테네로 가고, 거기에서 추종 세력을 규합한다. 이 추종 세력 가운데에는 분명히 플라톤의 학교 아카데미아에 속한 사람들도 끼어 있었던 것으로 알려진다. 디온은 이들로 군대를 조직하여 디오니시오스 2세와 전쟁을 벌인다. 기원전 357년에 그는 우선 시라쿠사이를 정복하고 나중에는 성도 함락시킨다. 그러나 354년에 디온은 자신의 친구이자 동지였던 칼립포스의 명령을 받은 자들에 의하여 살해되는데, 칼립포스는 분명히 플라톤 아카데미아의 일원이었다. 몇 년 동안 무정부 상태를 거친 뒤에 디오니소스 2세가 347년에 재차 시라쿠사이의 통치권을 장악하지만 3년 뒤에 민주정을 내세운 코린토스Korinthos 출신의 티몰레온Timoleon에 의해 다시 권좌에서 내쫓긴다. 플라톤의 세 차례에 걸친 시라쿠사이 방문은 바로 이러한 파란만장한 역사와 맞물려 있다.

첫 번째 시칠리아 방문이 언제 있었는지를 플라톤 스스로 밝히고 있다. 그는 『제7서한』의 서두에서 다음과 같이 말한다. "내 나이 마흔 살 무렵이었을 때, 시라쿠사이에 처음으로 갔었소"(『제7서한』 324a).

이 보고에 따르면 플라톤은 대략 기원전 389/388년에 처음으로 거기에 갔을 것이다. 이 방문의 목적도 플라톤 자신의 보고를 통해서 알 수 있다. "처음 내가 이탈리아와 시칠리아에 갔을 때에는 이런 확신을 지니고서였소"(『제7서한』 326b).

이 언급으로부터 우리는 이 여행의 첫 번째 목적지가 그리스 식민 도시 국가들이 많이 세워져 있는 남부 이탈리아였다는 사실을 알 수 있다. 거기에서 플라톤은 피타고라스학파 사람들과 접촉하고자 했다. 플라톤이 남부 이탈리아의 도시 국가들 가운데 우선 타라스Taras를 방문했을 것이라는 데는 의심의 여지가 없다. 그 당시의 타라스에서는 저명한 피타고라스학파의 철학자요 수학자인 아르키타스Archytas, Archytes가 정치적 영향력을 발휘하고 있었다. 플라톤은 그와 친교를 맺는데, 플라톤의 철학에 피타고라스학파의 영향이 강하게 미치게 되는 것은 틀림없이 이때의 우정에 기인하는 것이다.

아르키타스라는 인명과 타라스라는 지명은 플라톤의 대화편들과 서한들에 여러 차례 나온다. 플라톤이 아르키타스에게 보낸 것으로 되어 있는 『제9서한』이 ―길이가 짧고, 중요하지도 않지만― 진작이냐 아니냐에 대해서는 아직도 논란이 그치지 않고 있다. 플라톤은 그 스스로 아르키타스와 친교를 맺었을 뿐만 아니라, 더 나아가 아르키타스와 디오니시오스 2세가 친분을 맺도록 교량 역할을 하기도 했다. "나는 떠나기 전에 타라스의 아르키타스 일행과 디오니시오스 사이의 우호적인 유대와 친교를 주선하였네"(『제7서한』 338c-d).

플라톤은 타라스를 출발해서는 육로를 택했던 것 같다. 왜냐하면 그가 시라쿠사이까지 도보 여행을 계속했노라고 분명히 밝히고 있기 때문이다. 그는 다음 목적지인 로크리Lokri로 갔던 것 같은데, 이곳은 티마이오스Timaios의 고향이다. 이 사람은 플라톤이 그의 이름을 따서 명명한 『티마이오스』의 주요 등장인물이다. "로크리 출신인 우리의 티마이오스가 저기 있네"(『티마이오스』 20a).

플라톤이 이 도보 여행 중에 티마이오스를 직접 만났는지는 의심스럽다. 대략 기원전 420년에 쓰인 『티마이오스』에서 플라톤은 티마이오스를 상당히 나이가 든 사람으로 그리고 있다. 그런 점에서 보자면 티마이오스가 389/388년에 아직 생존해 있었다는 것은 신빙성이 적어 보인다. 그렇지만 그때까지도 로크리에는 티마이오스가 끼친 영향이 남아 있었음이 분명하다. 플라톤의 대화편들이 피타고라스학파적 사고방식과 여러모로 연관을 맺고 있다는 사실에는 확실히 로크리 방문도 그 배경으로 작용한다.

계속해서 플라톤은 '스킬라Skylla와 카립디스Charybdis'라고도 불리며 그 자신이 여러 차례 언급하고 있는 저 메시나Messina 해협을 건넜을 것이다. 『파이돈』에서 그는 에트나 화산의 용암 분출에 대해서 말한다. 그가 에트나 화산의 기슭을 지날

때, 분명히 이 장관을 목격했을 것이다. "… 마치 시칠리아에서 용암의 불기둥이 솟기 전에 진흙탕 물이 먼저 쏟아져 내리고 이어서 불기둥이 치솟듯이 …"(『파이돈』 111d-e).

마침내 플라톤은 시칠리아섬의 동해안에 자리 잡은 그리스 식민 도시들을 거쳐서 시라쿠사이에 도착한다. 그 당시 시라쿠사이에서는 디오니시오스 1세가 최고의 권력을 누리고 있었다. 원래 초청이 있었던 것으로는 보이지 않는다. 그러나 권력 기반을 확고하게 닦은 디오니시오스 1세는 자신의 지위를 과시하고 빛나게 할 목적으로 철학자들과 예술가들을 시라쿠사이로 불러들이고자 애썼다. 그런 그에게는 아테네의 명문 거족 집안 출신일 뿐만 아니라 이미 철학자로서 명성을 날리고 있던 —그 당시에 벌써 여러 대화편들이 발표되었었다— 플라톤의 방문은 대단히 환영할 만한 일이었을 것이다.

그렇지만 점차 플라톤과 그와 거의 동년배인 디오니시오스 1세 사이의 관계는 매끄럽지 못한 것이 되고 말았다. 그리스의 식민 도시 사람들이 누리는 사치스러운 삶, 특히 시라쿠사이에서의 그러한 삶은 플라톤에게는 전혀 마음에 들지 않았다. "내가 거기에 도착했을 때, 거기 사람들이 넘쳐 나는 이탈리아식이나 시칠리아식 맛있는 음식에 빠져 사는 것을 행복한 삶이라고 여기는 것이 내겐 너무도 어처구니없는 일이었소. 하루에 두 번씩이나 포식하고, 단 하룻밤도 혼자 자는 법이 없으며, 그 밖의 모든 생활 습관이 그런 삶의 형태와 연관되어 있었기에 나로서는 견디기 어려웠소"(『제7서한』 326b-c). 『국가』에도 호화판 식사를 가리키는 '시라쿠사이식 식탁 Syrakosia trapeza'이라는 표현이 등장하는데(『국가』 404d) 이 표현은 속담이 되다시피 한 관용어라고 한다.

이 여행을 통해 얻은 진정한 소득은 젊은 디온과의 결정적인 만남이었다. 플라톤은 디온을 진실한 제자요 가까운 친구로 받아들인다. 그래서 플라톤의 첫 번째 시칠리아 방문에 대한 보고는 우리가 방금 살펴본 대로의 시라쿠사이에서의 삶의 방식에 대한 비판 외에도 디온이 어떤 인물인가 이야기하는 것에 집중된다.

"내가 그 당시에는 아직 젊은 나이였던 디온과 교제하면서, 사람들을 위해서 가장 좋은 것들로 생각되는 것들을 들려주고 이를 행하도록 권했었는데, 이는 어쩌면 나도 모르는 사이에 폭정을 뒤엎으라고 교사한 셈이 된 것 같소. 내가 그때 들려주는 것들을 디온은 쉬 알아들었고, 그는 내가 일찍이 알았던 그 어떤 젊은이보다도 더 민감하고 또 더 큰 열의를 갖고 내 말을 경청했소. 그래서 디온은 이후의 자신의 삶을 다른 이탈리아 사람들이나 시칠리아 사람들이 대부분 그렇게 하고 있는 것과는 달리 살려고 마음먹었었소. 그에게는 이제 욕정이나 발산하고 마음껏 먹는 삶이 아닌 훌륭한 삶을 살겠다는 의욕이 생긴거요. 그런 까닭에 디온은 폭압적 정치에 길들여져서 사는 사람들에게는 불쾌감을 줄 수도 있을 삶을 디오니시오스 1세가 죽을 때까지 살았던 것이오." (『제7서한』 327a-b)

이 시라쿠사이에서의 첫 번째 체류는 아마도 2년, 어쩌면 3년 정도의 긴 기간이었음에 틀림없다. 플라톤과 디오니시오스 1세 사이의 갈등과 불협화음은 점점 더 심각해져서 플라톤은 결국 시라쿠사이를 떠나지 않을 수 없었다. 디오게네스 라에르티오스가 전하는 바에 따르면, 디오니시오스 1세는 플라톤이 귀국하려고 탄 배를 아테네가 아니라 아이기나Aigina섬에 상륙하도록 농간을 부렸다고 한다.[07] 아이기나는 당시에 아테네와 전쟁을 하고 있었기 때문에 그리스의 전시 국제법에 따라, 더군다나 아이기나의 전시 특별법에 따라 플라톤은 죽임을 당하거나 노예로 팔려 갈 운명에 처하게 된다. 아이기나 사람들은 후자를 택했다. 플라톤은 노예로 시장에 끌려 나왔는데, 그를 알아본 키레네 출신의 한 친구가 대금을 대신 지불해 준 덕분에 모든 위험에서 벗어나서 무사히 아테네에 상륙할 수 있었다고 한다. 디오게네스 라에르티오스의 이런 보고가 실제로 있었던 일인지에 대해서는 많은 논란이 있었다. 플라톤 자신은 이에 관해서 일언반구 말하지 않는다.

첫 번째 시칠리아 여행에서 돌아온 뒤 플라톤은 아카데미아를 세우고, 방대한 저서인 『국가』의 저술에 착수했던 것으로 보인다. 아카데미아가 세워진 정확한 시점을 입증할 만한 근거는 전혀 없지만, 플라톤이 아카데미아를 첫 번째 시칠리아 여행을 떠나기 전에 세웠다고는 생각하기 어렵다. 왜냐하면 그렇다면 그가 아카데미아를 세우고는 곧장 오랫동안 떠나 있은 셈이 되기 때문이다. 『국가』의 저술 시기를 추정하는 데

07 Diogenes Laertius, *Lives of Eminent Philosophers*, III 19.

에 있어서는 이 작품에 플라톤이 시칠리아 방문에서 얻은 경험이 다수 포함되어 있다는 사실을 고려해야만 한다.

디오니시오스 1세가 기원전 367년에 사망하자 그의 아들 디오니시오스 2세가 시라쿠사이 및 그의 아버지에 의해서 복속된 도시들과 지방들의 통치를 이어받는다. 디온은 이 기회에 이 젊은 참주의 마음만 잘 돌려놓으면 그야말로 철인 치자哲人治者의 이상이 실현되고 지금까지의 모든 악과 불행이 종식될 수 있을 것으로 보고, 디오니시오스 2세에게 플라톤을 스승이자 정치적 자문 역으로 모시도록 설득하는 데에 성공한다. 디온의 권유를 받아 디오니시오스 2세는 두 번째로 시라쿠사이를 방문해 달라는 초청 편지를 플라톤에게 보내는데, 대략 기원전 367/366년의 일이다. 플라톤은 매우 망설였으나, 자신이 이론뿐이지 실천은 없다는 말을 듣는 것이야말로 가장 부끄러운 일이라는 생각에서 마침내 두 번째 시칠리아 방문에 나선다. 이때 그의 나이 예순 살이었다.

"디온은 내가 오기를 몹시 바라서 디오니시오스 2세를 설득하여 나에게 편지를 보내게 하고, 또 그 자신도 사람을 보내 될 수 있는 대로 빨리 와 줄 것을 간청했소. … 이런 까닭으로 과연 내가 가서 그의 요구에 응해야만 할 것인지 아니면 달리 어떻게 해야 할 것인지를 생각하며 갈등을 느끼고 있었소. 그렇지만 그렇게 해야만 된다는 쪽으로 기울어졌소. 만약에 법률이나 정치 체제에 관련해서 생각했던 바를 언젠가 누군가가 실현하려고 착수해야만 한다면, 지금이야말로 그걸 시도해야만 된다는 것이었소. 왜냐하면 한 사람만 설득한다면, 모든 일을 능히 좋도록 이룩해 낼 수 있게 될 것이기 때문이었소." (『제7서한』 327d, 328b-c)

그러나 플라톤은 시라쿠사이에 도착하자마자 극도의 긴장 상태와 맞부닥뜨린다. 이 긴장 상태는 결국 디온이 모반죄를 뒤집어쓰고 시라쿠사이로부터 추방되는 결과를 빚는다.

"내가 도착했을 때 … 나는 디오니시오스 2세를 에워싼 모든 일들이 분쟁으로 가득 차 있고, 디온에 대한 중상모략이 난무하고 있음을 알았소. 그래서 나는 할 수 있는 한 디온을 적극 변호했지만 별무효과였소. 결국 내가 도착한 지 약 넉 달이 지나서 디오니시오스 2세는 디온에게 모반을 꾀했다는 죄목을 뒤집어씌워 조그마한 수레에 태워서는 불명예스러운 방식으로 추방하고 말았소." (『제7서한』 329b-c)

디오니시오스 2세는 플라톤을 억지로 붙잡아 두고 디온에 대한 플라톤의 관심을 자신에게로 돌리려 애를 쓴다. 플라톤도 그가 철학자의 삶을 살도록 권하고 그러기를 기다렸지만 끝내 실패하고 만다. 플라톤이 자신을 돌려보내 주도록 디오니시오스 2세를 여러 가지로 설득하던 차에 마침 시칠리아에 전쟁이 일어나서 플라톤은 돌아온다. 플라톤의 나이 예순 살 무렵의 두 번째 시라쿠사이 방문은 첫 번째 방문에 비해 체류 기간도 짧았고 디온의 추방이라는 참담한 결과로 끝나고 만다.

두 차례나 시칠리아에서 곤욕을 치르고도 플라톤은 예순여섯의 나이로 세 번째 시칠리아 방문에 나선다. 기원전 361/360년에 있었던 세 번째 시칠리아 여행도 역시 디오니시오스 2세의 초청에 의해서 이루어진다. 앞서 두 번의 방문이 실패로 끝났고 귀국 과정에서 고초를 겪었기에 제자들은 극구 만류했다고 한다. 그런데 디오니시오스 2세는 플라톤이 시라쿠사이에 오기만 하면 디온을 추방에서 풀어 주고 복권시킬 것이라고 했다. 플라톤은 오래 망설인 끝에 이 초청에 응하였다. 처음에는 철학의 문제에 있어서나 디온과의 인간적 관계에 있어서나 우호적인 분위기였다. 그렇지만 디온의 처지를 개선할 수 있으리라던 플라톤의 희망은 끝내 채워지지 않았기 때문에 그는 겨울이 닥치기 전에 마지막 배편으로 아테네로 돌아갈 결심을 하기에 이른다.

"… 그러나 나는 그런 일들을 겪고 나자 디오니시오스가 철학에 보이는 열정의 정체가 무엇인지 분명히 알 수 있었소. 이제 나는 그를 상대로 계속 화를 내고 있을 것인지 아닌지를 결정해야 했소. 왜냐하면 그때는 벌써 항해 철인 여름이 되었기 때문이오." (『제7서한』 345d)

그렇지만 디오니시오스 2세는 교활한 제안을 내놓아 플라톤을 붙들어 두는 데에 성공한다. 그러나 그는 플라톤이 배를 떠나보낸 뒤에는 약속을 이행할 생각을 하지 않았다. 이렇게 되자 두 사람 사이의 관계는 결정적으로 틀어져 버렸고, 플라톤은 포로가 되다시피 한 채로 겨울을 나게 되었다.

"이때부터 나와 디오니시오스 2세의 관계는 이랬소. 나는 마치 새장 밖으로 달아나기를 갈망하는 새처럼 바깥만 바라보고, 그는 어떻게 하면 디온의 재산의 절반을 주지 않고 나를 쫓아낼 수 있을까 하고 궁리하는 데에 골몰했소. 그런데도 시칠리아에서는 어디에서든 우리 두 사람이 친구라고들 생각하고 있었던 것이오." (『제7서한』347e-348a)

곧이어 새로운 어려움이 생겨난다. 디오니시오스 2세가 자신이 고용한 용병들과의 싸움에 빠져든 것이다. 그는 죄 없는 사람들을 박해하기 시작했고, 플라톤은 단호하게 박해받는 사람들의 편에 선다. 그래서 그는 내내 거주하던 성을 떠나 거처를 옮겨야 했으며, 거기에서는 생명마저 위협받게 된다.

"그 이후로 나는 성 밖에서 디오니시오스 2세의 용병들 사이에서 살게 되었소. 그런데 몇몇 사람들, 특히 내 동포인 아테네 출신의 사람들이 나에게 와서 말해 주기를, 경무장 용병들이 나를 욕하고 있고, 여러 사람들이 나를 붙잡아서 돈을 받아 내겠다고 위협하고 있다는 것이었소." (『제7서한』 350a)

플라톤은 타라스의 아르키타스와 그 밖의 다른 친구들에게 도움을 청하는 편지를 보낸다. 이 사람들이 디오니시오스 2세 로부터 플라톤이 귀환해도 좋다는 허락을 받아 낸다.

"위기에서 벗어나기 위해 나는 다음과 같은 방법을 생각해 냈소. 나는 타라스의 아르키타스 일행에게 편지를 보내 나의 처지를 알렸소. 그랬더니 이 사람들은 나를 위해 지혜를 동원해서 마치 국가 사절인 양 가장하여 30개의 노를 가진 배와 사람들을 보내왔소. 그 가운데에 라미스코스Lamiskos라는 사람이 디오니 시오스 2세에게 찾아가 나의 떠나고자 하는 희망을 전하고 이를 방해하지 않았으면 한다는 청을 넣었소. 그러자 디오니시오 스 2세는 이를 승인하고 여비도 마련해 주는 것이었소." (『제7서 한』 350a-b)

귀향한 지 얼마 지나지 않아서 플라톤은 올림피아 제전에서 디온을 만난다. "내가 펠로폰네소스로 돌아온 뒤에 여행을 하던 중 올림피아에 도착했을 때 마침 축제를 보러 온 디온을 만나서 무슨 일이 일어났었는지 말해 주었소"(『제7서한』 350b). 디온은 이 시기에 이미 디오니시오스 2세에게 보복을 가하기 위한 원정을 준비하고 있었다. 그는 플라톤에게 자기 진영에 가담해 줄 것을 청하였으나, 플라톤은 이를 거절하였다. 기원전 357년에 그는 드디어 모집된 군대를 이끌고 시라쿠사이로 진격해서 디오니시오스 2세를 성 밖으로 몰아내고 패권을 손에 쥔다. 그러나 그는 다시 어려운 상황에 빠져서 참혹한 최후를 맞고 만다. 디온이 살해되는 데에 대해 플라톤은 다음과 같이 쓰고 있다.

"나중에 고향으로 돌아오려 할 때 디온은 아테네 출신의 두 형제를 동반했었소. 디온이 이들과 친분을 맺게 된 것은 철학을 통해서가 아니라 흔히 있을 수 있는 교제, 즉 우호적인 유대와 엘레우시스 종교적 친밀감에서 비롯된 교제에 의한 것이었소. 이 두 사람이 디온의 친구가 되었던 것은 바로 이런 때문이었으며 그래서 이 두 사람이 디온의 귀향까지 돕게 되었던 것이었소. 그런데 이 두 사람은 시칠리아에 와서, 디온이 자기들을 해방시킨 것은 또 다른 참주가 되기 위한 것이었다는 의심을 시칠리아 사람들로부터 받고 있음을 알게 되었소. 그래서 이들은 자신들의 친구이자 동지를 배신했을 뿐만 아니라 손에 무기를 들고 살인자들을 도움으로써 디온을 살해하는 데 어느 정도는 직접 가담한 셈이 되었소. 나로서는 이 창피하고 흉악한 행위를 비난하고 싶지도 않고, 장황하게 말하고 싶지도 않소. 이유인즉 다른 많은 사람들이 이 행위에 대해 관심을 갖고 이 행위가 잘못임을 되풀이하여 말하고 있고, 또 앞으로도 계속 그렇게 할 것이기 때문이오. 하지만 나는 이 형제가 아테네를 욕되게 했다고 생각하는 데에 의견을 같이하지 않소. 왜냐하면, 내가 주장하건대, 바로 이 사람 디온을 배신하면 많은 재물과 명예를 얻을 수 있는데도 그리하지 않았던 것도 아테네 사람이었기 때문이오. 이런 사람이 디온의 친구가 되었던 것은 천박한 동기에서가 아니라 고귀한 지적 교양에서 나오는 친교에 의한 것이었기 때문이오. 분별 있는 사람이라면 신조나 혈통이 같다는 것보다 바로 이런 것에 신뢰를 두어야만 하오. 그러니 디온을 죽인 형제는 마치 조국에 불명예라도 끼친 양 그렇게 대단한 일이라도 한 것이 아니란 말이오." (『제7서한』 333d-334c)

3
시라쿠사이 대장정의 의미

세 차례에 걸친 시칠리아 여행이 지니는 중요한 의미로 두 가지를 들 수 있다. 그 하나는 플라톤이 바람직한 나라에 대한 그의 신념을 시칠리아에서 실현해 보려고 시도했다는 것이요, 다른 하나는 플라톤이 디온과 맺은 관계이다.

플라톤의 시라쿠사이 방문이 자신의 정치적 이념을 현실 세계에서 실현시켜 보려는 시도였다는 것은 전문가들에 의해서 종종 부인되기도 했다. 첫 번째 시칠리아 여행의 경우에는 그 견해가 옳은 것 같기도 하다. 아닌 게 아니라 그때 시라쿠사이는 남부 이탈리아와 시칠리아를 가로지르는 대장정의 목적지들 가운데 하나에 불과했을 것이다. 게다가 플라톤은 그 시점에 권력의 정상에 서 있었던 디오니시오스 1세에게 어떠한 영향을 미치겠다고는 생각할 수 없었을 것이다. 또『국가』도 첫 번째 시칠리아 방문을 마친 뒤에야 비로소 쓰였음에 틀림없다. 그에 반해서 나머지 두 차례의 방문은 명백히 초청에 의한 것이었다. 플라톤은 이 초청을 받아들인 것이 자신이 품고 있는 정치 이념을 실현시켜 볼 생각에서였다고 분명히 말하고 있다.

이때에 아마도 플라톤이『국가』에 펼쳐 보인 이상사회를 곧이곧대로 실현하려 했던 것은 아닌 듯싶다.『국가』가 지닌 유토피아적 성격은 플라톤 자신에게 있어서도 현실적으로는 실현되기 어려운 것으로 여겨진 것이 사실이다. 오히려 플라톤은 보다 현실적인 목표를 염두에 두고 있었는데, 그건 말하자면 시칠리아의 그리스 식민 도시들 사이의 자유 동맹을 구축하는 일이었다.

"… 그러니까 내가 그대들에게 동일한 충고를 하는데, 이는 이미 세 번 물어 와서 세 번째로 동일하게 대답하는 것이오. 내 견해인즉슨 시칠리아도, 그 밖의 어떤 나라도 권력에 눈먼 사람의

지배가 아니라 법의 지배를 받아야 한다는 것이오." (『제7서한』 334c)

이와 관련해서 『제7서한』에는 『국가』와 표현상 매우 비슷한 구절이 등장한다. "다스리는 사람으로 하여금 지혜를 사랑하도록 만들든지, 지혜를 사랑하는 사람이 다스리지 않고서는 인류의 불행과 악은 종식되지 않는다." 흔히 이 구절을 두고 '철인 치자론哲人治者論'이라고 부른다. 그런데 '철인 치자론'은 철학자가 왕이 되어야 한다는 식으로 터무니없이 오해되어 왔다. '철인-치자'를 영어권에서 '철인왕philosopher-king'이라고 표현하는 바람에 이런 오해가 생겨났을 것이다. '철인왕'이 오해를 부추기는 잘못된 번역인데, 한 술 더 떠서 어떤 페미니스트는 '철인 여왕philosopher-queen'을 내세운다. 왜 '여왕'이 아니라 '왕'이냐 하는 것은 플라톤과는 아무런 상관도 없어 보인다. 잘못된 번역에서 꼬투리를 잡아 한 걸음 더 나간 것에 불과하다. 플라톤의 생각은 '권력에 눈먼 사람의 지배'가 아닌 '법의 지배'여야 한다는 것이요, 권력과 이성의 조합이다. '철인 치자론'은 철학자가 자신의 능력을 과대평가한 오만이 아니라 아무 지혜도 없는 정상배, 모리배, 정치꾼이 다스리는 것만은 막아야 하겠다는 플라톤의 시칠리아 경험에서 우러나온 생각이다.

다음과 같은 것이 플라톤의 근본 의도였다. 즉 참주정 아래에서 고통을 겪고 있는 그리스의 식민 도시들, 그 가운데에서도 특히 시라쿠사이를 다시 자유 도시로 만들고, 다른 한편으로는 디오니시오스 1세에 의해서 파괴된 낙소스나 카르타고 사람들에 의해서 파괴된 아크라가스와 같은 도시 국가들을 자유 도시로 재건하는 일이 바로 그것이다. 그러나 기원전 367년에서 플라톤이 사망하는 347년에 이르는 20년 동안에 일어난 일들을 살펴보면, 시칠리아와 시라쿠사이에서의 저 끝 간 데 없는 혼란은 모든 계획이 전적으로 실패로 돌아가고 말았다는 사실을 입증하는 것으로 간주되어야 하고, 플라톤 자신도 이 사실을 깨닫고 있었다. 그러기에 만년의 플라톤을 그려 보이는 초상화와 조각상이 체념의 인상을 짙게 풍기는 것도 놀라운 일이 아니다.

보다 심각하게 플라톤을 가슴 아프게 한 것은 디온의 운명이었다. 디온과 디오니시오스 2세 사이의 갈등이 첨예화될 때 디온의 편에 적극적으로 설 수 없었던 것이 얼마나 마음 아팠겠으며, 또 디온이 살해되고 마는 것으로부터 얼마나 큰 충격을 받았겠는가?

플라톤이 디온의 죽음 앞에서 얼마나 비통해하는지를 그의 작품으로 알려진 다음 시에서 읽을 수 있다.

세상에 나기도 전에
운명의 여신들이
헤카베Hekabe와 트로이아의 여인들에게
눈물의 실을 자아내게 했지.

운명이 그대에게서
모든 희망의 열매를
별안간 앗아 갈 때
디온, 그대는 월계관을 쓰고 있었지.

내 영혼이 그대를 비추듯이
고향의 땅에서

민족의 품 안에서

고이 잠들라, 사랑하는 나의 디온이여.

조국 아테네의 정치 상황에 좌절에 가까운 실망을 금치 못했던 플라톤으로서는 바람직한 나라에 대한 자신의 생각을 디온을 통해 시라쿠사이의 현실 정치에 실현해 보고자 했지만, 이런 시도 역시 무위로 돌아가고 만 것이다. 플라톤은 자신이 시칠리아로의 대장정을 극도로 혼란스러운 정치 상황에서도 위험을 무릅쓰고 감행한 까닭을 권력에 눈먼 사람의 지배를 법의 지배로 바꿔야 한다는 점에서 찾고 있다. 비록 실패로 돌아가기는 했어도 플라톤의 시칠리아 방문은 그의 철학함의 기본 틀을 너무도 잘 보여 준다. 플라톤에 있어서는 실천 없는 이론이란 애당초 생각할 수도 없는 것이다. 그러기에 어떤 학자는 누군가 플라톤의 철학을 신봉한다면 그 사람은 이 철학을 위해 죽을 수도 있을 것이라고까지 말하기도 한다.

3

스승을 증언하다

1
소크라테스, 법정에 서다

27년에 걸친 아테네와 스파르타 사이의 주도권 다툼인 펠로폰네소스 전쟁은 기원전 404년에 아테네의 패배로 끝난다. 전쟁의 종결과 함께 아테네에서는 전승국 스파르타의 후원을 받는 과두 세력이 정권을 잡는다. 처음에는 51인이 전면에 나섰는데, 그들 중 30인이 온 나라를 통치하는 절대권을 행사하는 자들로 등장한다. 이 과두정권 아래에서 소크라테스는 중대한 신변의 위기를 가까스로 모면한다. 이 정권은 소크라테스를 그가 원하든 원하지 않든 자기들이 하는 일에 끌어들이려 했다.

그들은 민주파인 살라미스Salamis 출신 레온Leon이라는 시민을 강제로 연행하기 위해 다른 몇몇 사람들과 함께 소크라테스를 보내려 했다. 그러나 소크라테스는 올바르지 못한 일에 협조하기보다는 차라리 무슨 고난이든 겪는 쪽을 택한다. 30인 과두정권이 곧 붕괴되지 않았다면 소크라테스는 그때 재판정에 세워졌을 것이다. 그러나 이 정권은 한 해를 넘기지 못하고 기원전 403년에 트라시불로스Thrasyboulos가 이끄는 민주파에 의해 무너진다.

민주정권 아래에서는 국사를 다룰 500인의 평의회 의원들이 추첨으로 선출되었다. 법정도 해마다 뽑힌 6,000명의 명단에서 그때마다 추첨에 의해 다시 뽑힌 재판관들로 구성되었다. 소크라테스는 기원전 399년 민주파 정권 아래에서 법정에 세워진다. 그는 민주파가 과두파에 밀려 해외에 망명해 있던 불행한 시절에 당시 민주파의 한 사람에 대한 부당한 연행에 가담하라는 명령을 목숨 걸고 거부한 사람인데도 말이다.

소크라테스의 재판이 벌어질 당시 스물여덟 살이던 플라톤은 스승이 재판을 받고 처형되는 과정을 생생한 기록으로 남겼다. 우선 소크라테스의 법정 연설을 『소크라테스의 변론』이라는 제목으로 재현해 보이고, 소크라테스가 사형 선고를 받고 감옥에 갇혀 지내면서 탈옥을 권유하는 친구이자 제자인 크리톤과 나눈 대화를 담은 『크리톤』, 소크라테스의 사형이 집행되는 날 있었던 마지막 대화와 죽음을 맞는 모습을 그려 보이는 『파이돈』이 있다. 이 세 대화편은 '소크라테스의 최후'

를 그리는 3부작으로 알려져 있다.

그런데 시간적 흐름으로 보자면 또 하나의 대화편이 있다. 그러니까 불경죄로 고소되어 재판을 받으러 법정으로 가던 소크라테스는 자신의 아버지를 같은 불경죄로 고소한 에우티프론을 만나고 '경건함이란 무엇인가'를 두고 대화한다. 이 대화를 담은 것이 『에우티프론』이다. 방금 든 3 대화편 앞에 『에우티프론』을 추가하면 소크라테스의 재판에서 죽음까지를 시간의 흐름에 따라 보여 주는 4부작이 된다.

'아테네가 인정하는 신을 믿지 않고 새로운 신을 끌어들인다'는 것과 '아테네 청년들을 부패·타락시킨다'는 두 가지 죄목으로 고발된 소크라테스가 법정에 선다. 기원전 399년, 그의 나이 칠십 세의 일이다. 아테네에서는 민사 소송dike, idia dike의 경우는 200명 혹은 400명 배심원단에 의해, 형사 소송graphe, demosia dike의 경우는 500명 또는 그 이상의 배심원단에 의해 재판이 진행되었다. 기원전 4세기에는 가부 동수同數를 피하기 위해 201, 401, 501명의 배심원단이 꾸려지기도 한 것으로 알려져 있다. 소크라테스의 재판은 고소에 의한 형사 소송에 해당되기에 배심원단의 규모가 500 혹은 501명이었을 것이다.

당시의 재판은 크게 두 부분으로 나뉘어 있었다. 재판의 전반부에서는 유죄와 무죄를 가리고, 후반부에서는 형량을 결정했다. 물론 전반부에서 무죄가 결정되면 재판은 그것으로 끝나고, 유죄로 결정되는 경우에는 후반부 재판이 속개된다. 먼저 원고와 피고가 유죄 여부를 놓고 다툰다. 원고인 아니토스Anytos, 멜레토스Meletos, 리콘Lykon의 고소에 대해 피고인 소크라테스가 반론을 펼친다. 이 1부 재판의 끝에 배심단이 투표로 유무죄를 가리는데, 그 결과는 500명 규모 배심단이라면 280:220, 501명 규모 배심단이라면 280:221로 유죄 확정이다.

이런 결과를 두고 소크라테스는 언짢아하지도 않고 오히려 근소한 표 차이에 놀랐다고 말한다. 그러니까 30표만 옮겨 갔다면 무죄 방면되었을 것이라는 것이다. 이 결과만으로도 자신은 적어도 멜레토스로부터는 무죄 방면된 것이라고 한다. 만일 명목상의 고소인인 멜레토스 외에 아니토스와 리콘이 가세하지 않았다면 1,000드라크메를 물게 되었을 것이라고도 한다. 당시 제도로는 고소의 남발을 막기 위한 장치로서 원고가 총 투표수의 1/5을 얻지 못하면 1,000드라크메의 벌금을 물도록 되어 있었다. 그런데 세 사람의 표 합계가 280이니까 한 사람이 1/5인 100표를 넘지 못한 것을 지적한 것이다.

이제 형량을 정하는 2부 재판이 이어진다. 원고가 먼저 합당한 형량을 제시한 다음 피고가 자신의 형량을 제시하면 재판관들이 역시 투표로 두 형량 가운데 하나를 결정한다. 원고 측이 제시한 형량은 사형이다. 소크라테스는 1므나의 벌금형을 제시한다. 그러자 그런 정도의 벌금형을 제의하다가는 극히 불리해지리라고 판단한 소크라테스의 친구들과 제자들이 그를 설득해 30므나의 벌금형으로 형량을 올리게 하고 이 금액에 대한 보증을 자처한다. 그렇지만 사형이라는 극형에 비하면 30므나 벌금형은 여전히 비교 대상이 되지 못한다.

무엇보다도 상황이 불리해진 결정적인 이유는 소크라테스가 형량에 대한 표결에 앞선 발언에서 재판관들에게 선처를 구하기보다는 자신이 받아 마땅한 것은 벌이 아니라 오히려 상이라고 주장한 것이다. 그는 자신은 평생 아테네를 위해 살아왔으므로 외국 국빈이 무료로 숙식을 제공받는 영빈관迎賓館, prytaneion에서 지내는 상을 받아야 한다는 것이다. 이런 발언이 재판관들의 비위를 건드린 탓인지 형량 판결에서는 유죄 판결 때보다 80명이나 많은 수의 배심원이 사형에 표를 던졌다. 결국 500명 규모 배심단이라면 360:140, 501명 규모 배심단이라면 360:141로 사형이 확정된다.

플라톤이 재현해 보이는 『소크라테스의 변론』은 이 같은 재판 진행 순서에 따라 크게 세 부분으로 구성된다. 이 작품의 첫 번째 부분에서 소크라테스는 멜레토스 등의 고소 내용을 조목조목 반박하면서 자신의 사명이 무엇이며 자신이 소피스테스sophistes와 어떻게 다른지를 역설한다. 이어서 『소크라테스의 변론』 두 번째 부분에서 소크라테스는 유죄 판결이 내려진 뒤에도 소신을 굽히지 않고 실상 자신에게 어울리는 것은 벌이 아니라 상이지만, 굳이 형량을 제시하라면 자신에게는 돈이 없으니 1므나의 벌금형을 제의하겠다고 한다. 마지막으로 세 번째 부분에서는 사형이 확정되고 나서 재판관과 방청객을 향해 장엄한 고별사를 던진다. 그는 그때까지 재판관들을 호칭할 때 "아테네 사람들이여"라고 불렀는데, 이때부터는 "재판관들이여"라고 부르면서 자신의 무죄 쪽에 표를 던진 사람들이야말로 정당하게 재판관이라고 불릴 수 있는 사람들이라고 한다. 소크라테스의 고별사는 다음과 같은 의미심장한

말로 끝난다. "이제 시간이 되어 떠날 때가 되었습니다. 나는 죽으러 가고 여러분은 살러 갑니다. 우리들 중 어느 쪽이 더 좋은 제비를 뽑았는지는 신을 제외하고는 아무도 모릅니다."

소크라테스는 자기 철학의 순교자였다. 진정한 철학자는 자신의 철학대로 살고, 나아가 그 철학을 위해 목숨을 던지기도 한다. 반면에 과학자가 자기 이론을 위해 목숨을 버리기까지 할 이유는 그리 많지 않다. 과학자는 자기 이론을 위해 기꺼이 죽기보다는 다수의 오해에도 불구하고 연구를 계속하는 쪽이 오히려 인류에게 도움이 될 것이다. 우리는 소크라테스가 독미나리로 만든 독약을 마시고 숨을 거둔 지 2,001년이 지나 또 한 명의 철학 순교자를 보게 된다. 갈릴레이Galileo Galilei (1564-1642)는 종교 재판을 받게 되자 지구가 태양 주위를 돈다는 주장을 철회하고 재판정을 걸어 나오면서 "그래도 지구는 돈다"라고 중얼거렸다고 전해진다. 최근에는 이도 사실이 아니라는 주장이 제기되지만, 널리 알려지기로는 그렇다.

갈릴레이와 같은 시기의 철학자 브루노Giordano Bruno(1548-1600)는 지구가 돈다는 자신의 주장을 굽히지 않아 7년간의 옥고를 치르면서 온갖 고문을 당했다고 한다. 그는 이름도 아름다운 로마의 '꽃의 광장Campo de' Fiori' 장작더미 위에서 화형당하고 만다. 지금 로마의 현장에는 브루노를 기리는 작은 팻말 하나가 서 있다. 소크라테스가 독배를 들이키고 자신의 철학을 위해 순교한 지 2,000년 뒤의 일이다. 브루노가 사형 선고를 받고 남긴 마지막 말은 『소크라테스의 변론』의 마지막 문장과 같이 당당하다. "사형 선고를 받은 나보다도 그것을 내리는 그대들이 더 두려움에 떤다는 것을 나는 안다." 1899년 여러 지식인들이 사상의 자유를 위해 순교한 브루노를 기리며 그가 화형당한 로마 캄포 데 피오리에 동상을 건립했다. 이 일에 힘을 보탠 이들로는 프랑스 작가 빅토르 위고Victor Hugo, 노르웨이 작가 헨리크 입센Henrik Ibsen, 러시아의 무정부주의자 미하일 바쿠닌Mikhail Bakunin 등을 들 수 있다. 당시 교황 레오 13세는 이에 분개하여 노구를 이끌고 항의의 금식 기도를 했다고 한다. 브루노의 동상에는 이런 글귀가 새겨져 있다.

"브루노에게,
그대가 불에 태워짐으로써 그 시대가 성스러워졌노라."

2
'다이모니온의 소리'는 죽음을 피하라고 말하지 않았다

죽음보다 먼저 고려해야 할 것은 수치스러움to aischron이다. 죽음뿐만 아니라 그 밖의 어떤 것도 수치스러움에 앞서 고려해서는 안 된다(『소크라테스의 변론』 24d). 수치스럽게 목숨을 부지하느니 차라리 죽는 편이 더 낫다. 죽음을 피하는 것이 어려운 것이 아니요, 비천함poneria을 피하는 것이 훨씬 더 어려운 일이다. 비천함이 죽음보다도 더 빨리 내닫기 때문이다(『소크라테스의 변론』 39a).

죽음을 두려워한다는 것은 현명하지도 않으면서 현명하다고 생각하는 것과 같다. 그것은 자신이 알지 못하는 것들을 안다고 생각하는 것과 다를 바 없다. 아무도 죽음을 알지 못한다. 인간은 죽음이 모든 좋은 것들 가운데 으뜸가는 것인지 모르면서 마치 그것이 나쁜 것들 가운데 으뜸가는 것이라는 것을 잘 알기라도 하는 듯 두려워한다. 이것이야말로 자기가 알지 못하는 것들을 안다고 생각하는 무지이다. 소크라테스는 자기가 다른 사람들보다 더 지혜롭다고 말할 수 있는 것은 바로 죽음에 대해 잘 알지 못하면서 잘 알지 못한다고 생각한다는 점 때문이라고 말한다. 죽음에 대해서 잘 알지 못하는 것은 소크라테스든 다른 이든 매한가지인데, 소크라테스는 잘 알지 못한다고 생각하는 반면 다른 이들은 잘 안다고 생각한다는 것이다. 죽음에 대해 잘 모른다는 것을 아는 이는 죽음에 대해 잘 모른다는 것도 모르는 사람에 비하면 비교할 수 없을 만큼 지혜롭다(『소크라테스의 변론』 29a-b).

소크라테스에게 적용된 두 가지 죄목 가운데 하나인 '아테네가 인정하는 신들을 믿지 않고 새로운 신들을 끌어들인다'는 것은 종교적 영역의 사안이다. 그런데 이런 고발의 빌미가 된 것은 소크라테스가 자주 듣는다고 토로한 '다이모니온의 소리'이다(『에우티프론』 3b). 이 사실은 멜레토스의 고발장에도 조롱하는 투로 적혀 있다고 한다. 우선 명사 다이몬daimon은 '수호신', '신령', '정령', '수호 정령'을 가리킨다. 다이모니온daimonion은 형용사로서 중성 관사 토to와 함께 쓰여 명사화된다. 그래서 '토 다이모니온to daimonion'은 '영적인 것'을 뜻한다. 그런데 이 '토 다이모니온'은 일종의 '소리'로 나타난다고 한다

(『소크라테스의 변론』 31d).

'토 다이모니온'은 플라톤의 여러 대화편들에서 다양한 형태로 변주되어 나타난다.

『소크라테스의 변론』 31c-d: 일종의 신적이며 영적인 것
theion ti kai daimonion

『소크라테스의 변론』 40b: 신의 신호to tou theou semeion

『소크라테스의 변론』 40c: 익숙한 신호to eiothos semeion

『국가』 496c: 영적인 신호to daimonion semeion

『파이드로스』 242b-c: 영적인 것과 익숙한 신호to daimo-
nion te kai to eiothos semeion

『테아이테토스』 151a: 영적인 것to daimonion

『에우티데모스』 272e: 익숙한 영적인 신호to eiothos semeion
to daimonion

소크라테스 스스로 '다이모니온의 소리'를 두고 『소크라테스의 변론』에서 다음과 같이 말한다. 첫째로, 이것은 그가 어

릴 적부터 시작되었다. 둘째로, 언제나 그가 하려고 하는 것을 하지 말도록 말리지, 결코 적극적인 권유를 하는 일이 없다(『소크라테스의 변론』 31d). '다이모니온의 소리'가 무엇인가를 하지 말라고 만류하기는 해도 무엇인가를 하라고 권유하거나 명령하는 일은 없다는 데에 대해서는 논란이 있다. 어떤 곳에서는 '일종의 영적인 반대ti daimonion enantioma'라는 표현도 보인다(『알키비아데스 1』 103a). 그러나 예컨대 『에우티데모스』에서 탈의실에 혼자 앉아 있다 막 일어나 나가려던 소크라테스가 익숙한 영적인 신호를 받고 다시 자리에 앉는 것으로 묘사되는 장면이 나온다. 램W. R. M. Lamb은 바로 이 대목을 두고 플라톤은 '다이모니온의 소리'가 항상 무엇인가를 하지 말라는 부정적 양태로 나타난다고 하지만, 크세노폰Xenophon이 꼭 그렇지만은 않고 긍정적 양태로 나타나는 경우도 있다고 주장할 만한 근거가 된다고 말한다.[08] 『테아이테토스』에서도 영적인 것이 어떤 이들과의 교제는 금하고 어떤 이들과의 교제는 허락한다고 한다. 그렇다면 적어도 '다이모니온의 소리'를 둘러싸

---

08 *Plato in twelve Volumes* II, Loeb Classical Library, tr. W. R. M. Lamb, Euthydemos, pp. 384-385.

고는 금지하기만 하지, 권유하는 일은 없다는 플라톤의 견해보다는 양쪽 모두를 인정하는 크세노폰의 견해가 더 그럼직하다고 하겠다. 어쩌면 '다이모니온의 소리'가 주로 무엇인가를 하지 말라는 부정적 양태를 보이는 것이 사실이더라도, 더러는 무엇인가를 하라고 긍정적으로 권유하기도 한다는 것으로 이해하는 것이 옳을 것 같다.

소크라테스가 자주 들었다는 '다이모니온의 소리'가 과연 무엇을 가리키는지에 대해서는 크게 의견이 갈린다. 흔히 '신의 소리'나 '양심의 소리'로 보는 데에 대해 고트프리트 마르틴Gottfried Martin은 반대 의견을 개진한다. 마르틴은 감옥에 갇힌 소크라테스가 도망가야 하는지, 도망가도 좋은지 하는 것은 전적으로 통찰과 신념에 달려 있는 문제라고 본다. 마르틴에 따르면 『크리톤』에서 소크라테스는 괴로운 심정으로 자신에게 동의하는 크리톤과 스스로를 다음과 같은 통찰로 이끄는데, 그 통찰이란 도망가서는 안 된다는 것이다. 마르틴이 보기에는 바로 여기에서 모든 윤리적으로 중대한 사안들에서는 통찰만이 중요하다는 소크라테스의 기본 확신이 분명해진다고 한다.

이런 점에서 볼 때 '다이모니온의 소리'를 '신의 소리'나 '양심의 소리'로 보기 어렵고, 소크라테스를 근본적으로, 그리고 본질적으로 규정하고 있는 것은 '다이모니온'이라기보다는 '로고스'라는 것이다.[09] 그러나 마르틴의 견해에 대해서 '다이모니온'과 '로고스'를 과도하게 대비시키면서 '다이모니온'의 중요성을 크게 약화시킨 것이라는 비판을 가할 수 있겠다. '다이모니온'을 아주 분명하게 이해하기 어려운 것은 사실이지만, 소크라테스가 자주 들었다고 고백하는 이것을 사소한 것으로 치부해서는 안 될 것이다.

『소크라테스의 변론』 40a 이하에서 사형 판결을 받은 소크라테스는 평소 옳지 않은 일을 하려 할 때면 '다이모니온의 소리'가 끈질기게 만류하곤 했는데, 나쁜 것의 극치라 할 만한 일이 벌어진 이 날은 그런 소리가 들리지 않았다고 말한다. 이날 재판을 받으러 이른 아침에 집을 나설 때에도, 재판정에 오를 때에도, 법정 연설을 할 때에도 그러지 않았다는 것이다. 만일 죽음이 나쁜 것이라면 사형 판결에 이르는 여러 대목에

09 고트프리트 마르틴, 『대화의 철학 소크라테스』, 이강서 옮김, 한길사, 2004, pp. 75-84.

서 '다이모니온의 소리'가 소크라테스의 행동을 반대했을 것이라고 한다. 그런데 '다이모니온의 소리'가 잠자코 있다는 것은 죽음을 나쁘게 여겨 피할 일이 아니라는 증거라고 한다. 결국 소크라테스가 순순히 법정에 출두해서 재판을 받고 사형 선고를 받은 것은 '다이모니온의 소리'에 귀 기울인 결과이기도 한 것이다.

3
죽음은 좋은 것일 가능성이 크다

법정에서 사형이 확정된 후, 소크라테스는 죽음이 둘 가운데 하나라고 말한다(『소크라테스의 변론』 40c-41d). 첫째로, 죽음은 그 어떤 것에 대해서도 감각aisthesis을 갖지 않는 무無, meden이다. 그것이 아니라면 둘째로, 전해지는 말마따나 일종의 변화metabole요 혼이 이곳에서 다른 곳으로 이주metoikesis하는 일이다. 그런데 소크라테스는 두 경우 가운데 어느 쪽이든 죽음은 이득이 된다고 말한다. 먼저 첫 번째 경우, 죽음이 아무 감각도 없는 전적인 무無일 경우를 생각해 보자. 만일 죽음이 아무 감각도 없는 잠hypnos과 같은 것이라면, 누군가 자면서 꿈조차 전혀 꾸지 않을 때와 같다면, 죽음은 놀라운 이득일 것이다. 누군가 꿈조차 꾸지 않을 정도로 깊은 잠에 빠졌던 밤을 골라 내어 자기 생애의 다른 밤낮과 견주어 보고서, 자기 생애에 있어서 이 밤보다 더 훌륭하고 달콤하게 산 낮과 밤이 얼마나 되는지 따져 보고 말하게 되었다면, 평범한 사람뿐만 아니라 세상 사람들이 모든 것을 다 가졌다고 여기는 저 페르시아 대왕조차도 이런 밤이 손에 꼽을 정도라는 것을 알게 될 것이다. 그러므로 죽음이 이런 것이라면 이득일 것이다. 이처럼 시간 전체도 단 하룻밤보다 전혀 더 길 것이 없어 보인다.

이제 두 번째 경우, 그러니까 일종의 변화로서 혼의 이주일 경우는 어떤가? 죽음이 이곳에서 다른 곳으로 떠나가는 것 apodemein, apodemia이요 죽은 자들이 전해 오는 말처럼 모두 거기에 있는 것이 사실이라면, 이보다 더 좋은 일은 없을 것이다. 그러니까 재판관들이라고 주장하는 이곳 사람들에게서 벗어나 하데스Hades(지하 세계)에 이르러 그곳의 진짜 재판관들인 미노스Minos, 라다만티스Rhadamanthys, 아이아코스Aiakos, 트립톨레모스Triptolemos, 그리고 또 살아가는 동안 정의로웠던 반신반인半神半人들을 보게 된다면 이 떠나감은 보잘것없는 것이 아니다. 또 오르페우스Orpheus, 무사이오스Mousaios, 헤시오도스Hesiodos, 호메로스를 만나는 것은 어떤가? 이것이 진실이라면 여러 번이라도 죽을 의향이 있다. 소크라테스 자신에게는 그곳에서 지내는 것이 놀랄 만한 일일 테니까 말이다. 팔라메데스Palamedes와 텔라몬의 아들 아이아스Aias와 그 밖의 올바르지 못한 심판adikos krisis으로 인해 죽은 이를 만나게 될 경우, 소크라테스가 겪은 일들과 그들이 겪은 일들을 견주면서 보내는 삶이 여간 즐거운 것이 아닐 것이다.

무엇보다도 좋은 것은 그곳 사람들 가운데 누가 지혜롭고 누가 스스로는 지혜롭다고 생각하지만 실은 그렇지 않은지 캐묻고 탐문하면서 지내는 일이다. 트로이아로 대군을 이끌고 갔던 오디세우스나 시시포스 혹은 그 밖에 이름을 댈 만한 수없이 많은 남녀를 캐묻는 일이라면 얼마를 내고 이 일을 하겠는가? 이런 일은 굉장한 행복이요 거기에서는 이 일 때문에 사람을 죽이지는 않을 것이다. 그곳 사람들은 다른 점에서 볼 때에도 이곳 사람들보다 행복하지만, 특히 그들은 앞으로는 죽지도 않을 사람들이다. 그러니 죽음에 대해 좋은 기대를 가져야 한다.

다음과 같은 진실 하나에 유념해야 한다. 선량한 사람에게는 살아서나 죽어서나 어떤 나쁜 일도 없으며, 신들도 이런 사람들의 일을 소홀히 하지 않는다. 지금 소크라테스에게 벌어진 일도 저절로 일어난 것이 아니라 이제는 죽어서 골칫거리들로부터 벗어나게 된 것이 더 잘된 일이라는 점이 명백하다고 한다.

4

죽음을 성찰하다

1
소크라테스의 최후

프랑스 화가 자크 루이 다비드Jacques Louis David는 플라톤의 대화편 『파이돈』을 한 폭의 그림으로 그려 냈다. 그림 〈소크라테스의 죽음La Mort de Socrate〉(1787)은 기원전 399년 아테네의 철학자 소크라테스가 독미나리를 갈아 만든 독약을 들이키고 최후를 맞는 장면을 그려 보인다.

소크라테스는 법정에서 사형을 선고받고 한 달 동안 감옥에 갇혀 있었다. 크세노폰이 전하는 바에 따르면 "그 판결 뒤에 그가 30일을 살아 있을 수밖에 없는 일이 일어났다. '델로스에서의 아폴론 축제ta Delia'가 그 달에 있었기 때문이다. 델로스에서 그 축제 사절단이 돌아오기까진 공적인 처형이 법으로 금지되어 있던 탓이다."[10] 그러니까 소크라테스의 재판이 있기 하루 전에 델로스 아폴론 축제로 가는 배의 선미를 꽃으로

---

[10] 크세노폰, 『소크라테스에 대한 회상』 IV, viii, 2.

장식하는 행사가 있었다. 아테네에서 델로스로 축제 사절단이 가게 된 이유를 말하자면 상당히 복잡하고 긴 신화가 필요하다.

크레테의 왕 미노스의 아들 안드로게오스가 파나테나이아 축제의 경기에 참가했다 살해되자 미노스는 아테네를 포위한다. 이 사태는 아테네가 9년마다 미혼의 젊은 남녀 일곱 쌍을 소 머리에 사람 몸을 가진 괴물 미노타우로스에게 제물로 바치기로 해서 겨우 수습된다. 이후 아테네는 인신공양人身供養의 희생물을 바쳐야 하는 9년마다 눈물바다가 된다. 아이게우스왕의 아들 테세우스가 이 끔찍한 비극을 끝내고자 크레테에 건너간다. 크레테에 도착한 테세우스를 보고 미노스왕의 딸 아리아드네가 반하여 실타래를 건네준다. 미노타우로스는 미궁迷宮, labyrinthos에 살기에 다른 이는 한번 들어가면 도중에 길을 잃어 나올 수 없고, 끝내는 미노타우로스에게 잡아먹힐 운명이 된다. 그러나 테세우스는 아리아드네가 건네준 실타래 덕분에 미노타우로스를 처치하고 무사히 되돌아 나올 수 있었다.

아테네 사람들에게 이 일은 너무도 감사하고 기쁜 일이었다. 애초에 그들은 테세우스 일행의 일이 성공하면 해마다 아폴론의 성지인 델로스에 사절단을 보내 신께 감사를 드리겠노라 서원誓願했었다. 아폴론에게 감사하는 일은 사절단 배의 선미에 꽃 장식을 하는 것으로 시작하여 이 배가 델로스를 거쳐 아테네로 귀환하는 것으로 끝난다. 이 일은 아테네 사람들에게는 매우 중요하고도 경건한 것이어서 이 기간 동안에는 사형 집행을 하지 않았다. 그런데 소크라테스가 사형 판결을 받은 바로 전날 사절단 배에 꽃이 장식되었고, 이 배가 30일 뒤에 아테네에 돌아온 것이다. 그래서 소크라테스는 재판을 받고 30일 동안 감옥에 갇혀 지내면서 처형을 기다려야 했다.

소크라테스가 갇혀 있는 동안 제자들은 매일 새벽 재판이 열렸던 법정에 모였다. 법정 근처에 감옥이 있었기 때문이다. 감옥이 일찍 열리지는 않았기에 제자들은 법정에서 이야기를 나누면서 감옥 문이 열리기를 기다렸다고 한다. 그러다 문이 열리면 소크라테스에게로 가서 하루 대부분을 함께 보냈고 한다. 어느 날 저녁 감옥 문을 나서면서 제자들은 델로스에 갔던 배가 막 도착했다는 소식을 들었다. 사형 집행 정지

기간이 만료된 셈이다. 그래서 그들은 다음 날 보통 때보다 일찍 법정에 모였다. 얼마 지나지 않아 감옥을 관리하고 형을 집행하는 일을 담당한 '11인 위원회hoi hendeka'가 소크라테스의 결박을 풀어 주고 이날 그가 어떻게 최후를 맞게 될 것인지 지시했다고 한다.

제자들이 감옥으로 들어가자 방금 결박에서 풀려난 소크라테스 옆에서 부인 크산티페Xanthippe가 사내아이를 안고 앉아 있었다고 한다. 소크라테스에게는 세 아들이 있었다고 알려져 있다(『파이돈』 116b: "어린 아들 둘과 장성한 아들 하나"). 큰아들은 당시의 관행대로 외할아버지, 그러니까 크산티페의 아버지의 이름을 딴 람프로클레스Lamprokles인데, 이때 막 청년이 된 나이였다고 한다. 둘째 아들은 할아버지, 그러니까 소크라테스의 아버지의 이름을 딴 소프로니스코스Sophroniskos인데 아직 어렸던 것으로 보인다. 셋째 아들은 메넥세노스인데 『파이돈』 60a에서 크산티페가 안고 있었다고 표현된 것으로 보아 아마 늦둥이였을 것이다.

제자들이 감옥에 들어서자 크산티페는 이 사람들과의 대화도 오늘이 마지막이라면서 울부짖는다. 그러자 소크라테스는 동년배로서 제자이자 오랜 친구인 크리톤을 향해 자기 부인을 집으로 데려가게 하라고 당부한다. 크리톤의 집안 사람들이 소리를 지르고 가슴을 치는 크산티페 일행을 감옥 밖으로 인도하자 소크라테스는 침상에 앉은 채로 다리를 굽히고 손으로 문질렀다고 한다. 이로부터 해질녘 형이 집행될 때까지 '혼의 불멸'을 둘러싼 사제 간 마지막 대화가 진행된다.

다비드의 그림은 소크라테스의 마지막 모습을 인상적으로 묘사한다. 우선 그림의 복판에 소크라테스가 침상에 걸터앉아 있다. 침상 아래에는 평소 그의 팔목과 발목에 채워져 있었을 쇠사슬이 보인다. 그는 오른발은 침상 위에 걸쳐 놓고, 왼발은 침상 아래로 떨어뜨린 자세를 취한다. 왼발 아래에는 디딤판 구실을 하는 나무토막이 보인다. 소크라테스의 키가 크지 않다고 전해지는 점을 다비드는 놓치지 않은 것 같다. 작은 키의 소크라테스가 침상에 걸터앉아 한쪽 다리를 아래로 떨어뜨려도 바닥에 닿지 않았을 것이다. 의미심장한 것은 두 손의 동작이다. 소크라테스는 오른손을 수평으로 뻗어 간수로부터 독약이 든 잔을 건네받는다. 독약은 희랍어로 파르마콘pharmakon(『파이돈』 57a)인데, 원래 이 단어는 사람을 죽이는

'독'을 의미하기도 하고 사람을 살리는 '약'을 의미하기도 한다. 당시 아테네에서 죄수에게 쓴 사약死藥은 식물에서 짜낸 즙인데, 희랍어로 코네이온koneion, 라틴어로 코니움conium(영어로 hemlock)이라 일컫는다. 우리말로는 독미나리로 불린다.

시간을 거슬러 올라가서 소크라테스가 제자들과 대화를 하는 중간에 크리톤은 자꾸만 끼어들어 무언가를 말하려고 했다. 소크라테스가 그에게 어디 말해 보라고 하자 크리톤은 아까부터 간수가 제자 가운데에서 가장 연장자요 좌장 격인 그에게 보채고 있다고 한다. 즉 소크라테스에게 될 수 있는 대로 적게 말하라고 전해 달라고 했다는 것이다. 간수의 말에 따르면 소크라테스가 말을 많이 하게 되면 몸에 열이 나게 되고, 그렇게 되면 독약에 영향을 미쳐서 그렇지 않은 경우보다 독약을 두 배 혹은 세 배까지도 마실 수밖에 없게 된다는 것이다. 물론 이런 것에 흔들릴 소크라테스가 아니다. 그는 간수더러 필요하면 독약을 충분히 준비하여 제 할 일이나 잘하라고 응수한다.

이제 시간이 흘러 소크라테스는 오른팔을 뻗어 간수에게서 독약이 든 잔kylix을 건네받는다. 그런데 간수는 독배를 소크라테스에게 건네면서도 차마 똑바로 볼 수 없어 고개를 반대쪽으로 돌리고는 왼손으로 두 눈을 감싸 쥔다. 간수는 소크라테스를 30일 동안 지켜보면서 알아차렸을 것이다. 소크라테스는 아무 죄가 없으면서 사실과 다른 두 가지 죄목으로 고발되어 사형을 선고받고 지금에 이르렀다. 간수는 그동안 많은 죄수들을 보아 왔지만 이 분처럼 훌륭하고 존경스러운 사람을 보지 못했다. 게다가 이 분은 그야말로 아무 두려움이나 노여움 없이 죽음을 맞이하고 있다. 간수는 자신의 임무 때문에 앞서 말을 적게 하라고 채근하기도 했지만, 이제 시간이 되어 하필 자신의 손으로 독배를 건네지 않을 수 없다는 사실을 견디기 어렵다.

마지못해 독배를 건네주는 간수와 망설임 없이 건네받는 소크라테스가 다비드 그림의 정중앙에 배치되어 있다. 무엇보다도 시선을 끄는 것은 소크라테스의 왼손이 가리키는 방향이다. 그는 왼팔을 직각을 유지하도록 뻗고는 주먹을 쥔 채 집게손가락으로 위를 가리킨다. 이 손가락 방향은 대화편 『파이돈』의 전체 주제인 '혼의 불멸immortality of the soul'을 나타낸다고 할 것이다.

자크 루이 다비드, 〈소크라테스의 죽음〉, 1787, 캔버스에 유채, 196×130cm, 메트로폴리탄 미술관 소장.

그림 중앙에 놓인 침상 너머에는 상당한 높이의 횃불 기둥이 있다. 이 기둥에 놓인 횃불이 이 공간의 조명을 맡는다. 그러니까 다비드가 그려 낸 것은 지하 감옥이다. 당연히 횃불 없이는 어두웠을 터이다. 그림의 왼편으로는 지하 감옥으로부터 지상으로 통하는 계단이 흐릿하게 보인다. 자세히 보면 계단 위로 한 무리의 사람들이 설정되어 있다. 크산티페 일행이 크리톤 집안 사람의 인도로 지하 감옥을 떠나고 있는 것이다. 감옥을 떠나는 크산티페의 시선은 여전히 감옥 안쪽 소크라테스로 향하고 있다. 소크라테스의 당부로 감옥을 떠나기는 하지만 차마 발길이 떨어지지 않는 것이다. 악처로 알려진 것과는 아주 딴판이다. 소크라테스의 최후의 날에는 제자들이 평소보다 더 일찍 찾아왔는데, 크산티페는 이들보다도 더 먼저 와 있었다. 그리고 자신의 최후를 가족에게 보이길 원치 않은 소크라테스의 당부에 따라 떨어지지 않는 발걸음을 옮기고 있는 것이다.

　소크라테스의 최후의 순간을 함께한 제자 및 친지로는 모두 8명의 인물이 그려져 있다. 소크라테스를 기준으로 왼편에 2명, 오른편에 6명이 각각 배치되어 있다. 모두 깊은 슬픔에

잠겨 있는데, 두 명은 벽을 붙잡고 통곡하고 있고, 두 명은 얼굴을 감싸 쥔 채 스승의 죽음을 맞는다. 아마도 벽을 붙잡고 있거나 얼굴을 감싸 쥔 사람들 가운데 하나가 아폴로도로스Apollodoros일 것이다. 그는 열렬한 소크라테스 추종자 가운데 한 사람으로 『파이돈』에서 소크라테스와 마지막 순간을 함께한 사람들 가운데 한 명으로 언급된다. 또 『심포시온』에서는 비극 시인 아가톤Agathon 집에서 있었던 대화를 들려주는 인물로도 등장한다.

그림에서 두 명은 앉아 있다. 소크라테스 왼쪽의 흰옷을 입은 노인은 두 손을 모은 채 낙심하고 체념한 듯 고개를 떨구고 있다. 소크라테스의 최후를 지켜보지 않겠다는 듯 아예 돌아앉았다. 반면에 소크라테스 오른쪽에 앉아 있는 인물은 오른손을 뻗어 소크라테스의 허벅지에 올려놓고 있다. 이 두 사람 가운데 하나가 크리톤일 것이다. 그는 이 최후의 날에 자신의 아들 크리토불로스Kritoboulos와 함께 자리를 지킨 것으로 되어 있다. 그는 소크라테스의 동년배요 같은 부락demos인 알로페케Alopeke 출신으로, 부유한 농부였다. 철학적 자질이 있다고는 할 수 없겠지만 소크라테스에 대해 헌신적이었다. 소크라테스가 법정에서 자신이 물 수 있는 벌금으로 1므나를 제시하자 30므나로 올려 제의하도록 한 장본인이다. 『에우티데모스』 306d-307c에는 크리톤이 아들의 교육 문제를 두고 소크라테스와 상의하는 것으로 그려져 있다. 크리톤은 또 다른 대화편 『크리톤』에서 소크라테스가 처형되기 전날 그를 탈옥시키는 데에 필요한 만반의 준비를 하고 아침 일찍 찾아와 탈옥할 것을 설득한다. 그런 크리톤을 화가 다비드는 어떻게 나타냈을까? 앉아 있는 두 인물 가운데 아무래도 왼쪽의 노인을 크리톤으로 간주해야 할 것 같다. 갖은 설득에도 불구하고 끝내 소크라테스의 죽음을 막지는 못한 점을 이 인물이 더 잘 드러내는 듯하기 때문이다.

그런데 여기에서 의아하다는 생각이 든다. 다비드의 그림 〈소크라테스의 죽음〉에서 플라톤은 도대체 어디에 있는 것인가? 그림의 등장인물 가운데 플라톤으로 추정되는 이는 없다. 소크라테스의 수많은 제자들 가운데에서 학문적으로 으뜸은 단연 플라톤이다. 그런 플라톤이 스승 소크라테스의 임종을 묘사하는 그림에 없다는 것이 가능한 일인가?

서양 고대철학 연구자들에게 '플라톤적 익명성'이라는 표현으로 알려져 있는 개념이 있다. 이 개념은 26 내지 27편의 대화편을 쓴 플라톤이 자기의 글 안에서 자신을 드러내기를 극구 꺼린다는 점을 지적한다. 앞에서도 한 차례 언급했지만 우리는 플라톤의 작품을 '초기 대화편', '중기 대화편', '후기 대화편'의 세 무리로 분류한다. 마지막에 쓴 것으로 보는 『법률』을 제외하고는 모두 소크라테스가 등장한다. 그런데 각각의 대화편에서 등장인물 소크라테스가 차지하는 비중이 다르다. 즉 '초기 대화편'에서는 소크라테스가 주로 말하고 다른 등장인물이 짧게 대꾸한다. 또 '초기 대화편'은 플라톤이 스승 소크라테스를 후세에 증언한다는 성격을 강하게 띤다. 그래서 '초기 대화편'을 가리켜 '소크라테스적 대화편Socratic dialogues'이라고도 부른다. '중기 대화편'에서는 소크라테스와 그의 대화 상대가 주거니 받거니 비슷한 비중으로 발언한다. '후기 대화편'에 이르면 오히려 소크라테스의 대화 상대가 주로 발언하고 소크라테스가 짧게 응수한다. 그러니까 대화에서 소크라테스의 비중과 위상이 초기 대화편에서 후기 대화편으로 오면서 역전된 셈이다. 그러더니 급기야 『법률』에서는 아예 소크라테스가 등장하지 않는다. 이런 비중의 변화는 플라톤이 소크라테스의 영향을 크게 받았고 자신의 스승을 증언하겠다는 의도를 강하게 가졌던 시기로부터 시작해서 점차 자신의 고유한 철학 체계를 구축해 나가는 과정으로 이해해 볼 수 있을 것이다.

'플라톤적 익명성'이라는 표현이 말하듯 플라톤은 대부분 소크라테스의 가면을 쓰고 말한다. 마찬가지로 대화편들에서도 플라톤이 자신의 이름을 드는 일은 단 세 차례밖에 없다. 플라톤의 이름은 『소크라테스의 변론』에서 두 번, 『파이돈』에서 한 번 출현한다. 『소크라테스의 변론』 33에서는 법정에 나와 있는 이들이 거명된다. 크리톤과 그의 아들 크리토불로스, 리사니아스Lysanias와 그의 아들 아이스키네스Aischines, 안티폰Antiphon과 그의 아들 에피게네스Epigenes, 테오조티데스Theozotides의 아들이자 테오도토스Theodotos의 형인 니코스트라토스Nikostratos, 데모도코스Demodokos의 아들이자 테아게스Theages와 형제인 파랄로스Paralos, 아리스톤Ariston의 아들인 아데이만토스Adeimantos와 그의 형제인 플라톤, 아이안토도로스Aiantodoros와 아폴로도로스 형제가 바로 그들이다. 플라톤은 이렇게 여러 사람 가운데 슬쩍 자신을 끼워 넣는 식으로 등장한다.

『소크라테스의 변론』38b에서는 애초 1므나의 벌금을 자신의 형량으로 제시했던 소크라테스가 법정의 지인들이 자신들이 보증한다며 30므나로 벌금을 올리라고 한다면서, 플라톤, 크리톤, 크리토불로스, 아폴로도로스의 이름을 든다. 『파이돈』59b-c에는 소크라테스가 죽음을 맞이하는 날 현장에 함께 있었던 이들이 열거된다. 아폴로도로스, 크리톤과 그의 아들 크리토불로스, 헤르모게네스Hermogenes, 에피게네스, 아이스키네스, 안티스테네스Antisthenes, 크테시포스Ktesippos, 메넥세노스의 이름이 나오고는 인상적인 표현이 이어진다. "플라톤은 병이 나서 없었다." 심지어 테베 출신 심미아스, 케베스Kebes, 파이돈데스Phaidondes, 메가라 출신 에우클레이데스와 테르프시온Terpsion도 소크라테스의 임종을 지켜보았는데, 단연 첫손가락에 꼽아야 할 플라톤이 그 자리에 없었다는 것을 어떻게 이해해야 할까? 소크라테스와 제자 사이에 벌어진 마지막 대화, '혼의 불멸'을 둘러싼 대화와 이어지는 소크라테스의 죽음을 우리에게 전해 주는 『파이돈』을 쓴 플라톤은 정작 그 자리에 없었다는 것이다.

시인이나 정치가가 될 생각이었다가 소크라테스를 만남으로써 철학에로 일대 방향 전환을 감행했으며, 소크라테스를 가리켜 그때까지 알게 된 사람들 가운데 가장 훌륭하고, 가장 지혜롭고, 가장 올바른 사람이라고 평가하는 플라톤으로서는 아파도 너무 아파서 차마 그 운명의 자리에 있기 어려웠던 것이다. "병이 나서 없었다"라는 지극히 짧은 표현이 플라톤의 헤아릴 수 없는 슬픔과 고통을 오히려 제대로 드러낸다. "병이 나서 없었다"라는 문장은 복잡하고 긴 사연을 단적으로 표현하는 대표 사례가 되었고, 많은 사람에 의해 즐겨 인용되었다. 프랑스의 화가 자크 루이 다비드가 『파이돈』을 한 폭의 그림으로 표현해 낸 한편, 역시 프랑스의 작가 클로드 퓌자드 르노Claude Pujade-Renaude는 이를 한 편의 소설로 만들어 냈다. 그 제목은 『플라톤은 아팠다*Platon était malade*』(1999)이다.[11]

2
노여움과 두려움 없이 맞이하는 죽음

자살을 어떻게 보아야 할까?『파이돈』에서 소크라테스는 사람이 스스로 자신을 죽이는 것은 온당한 짓이 아니라고 말한다(『파이돈』 61c-62e). 사는 것보다 죽는 것이 더 나은 경우가 있는가? 소크라테스는 이런 경우란 인간에게는 결코 없다고 한다. 죽는 것이 더 나아 보이는 경우에 스스로 자신을 위하는 것, 곧 자살을 저지르는 것은 경건하지 못한 일이요, 그런 상황이라면 인간은 자신을 구원해 줄 다른 은인을 기다려야만한다.

오르페우스 교도들이나 피타고라스학파 사람들은 우리가 살아 있는 동안 일종의 감옥phroura에 갇혀 살고 있다거나 몸soma은 혼psyche의 무덤sema이라고 믿는다. 우리 인간들은 이 감옥에서 몰래 도망가서도 안 되고, 누구도 우리를 이 감옥에서 풀려나게 해서도 안 된다. 신들은 우리의 보호자들이요, 인간들은 신들의 소유물들 가운데 하나이다. 우리는 우리의 소유물 가운데 하나가, 정작 우리가 그것이 죽기를 바란다는 신호를 보내지도 않는데 제 스스로 자신을 죽인다면, 그것에 대해 화를 내고, 벌줄 방도만 있다면 벌을 줄 것이다. 이런 점에서 신이 어떤 필연을, 이를테면 지금 내려져 있는 것과 같은 필연을 내려보내기 전에 먼저 자신을 죽여서는 안 된다.

가장 지혜롭다는 사람들이 감독자들 중에서도 가장 훌륭한 감독자들인 신들이 돌보아 주는 그 보살핌의 상태에서 벗어나 떠나면서도 언짢은 마음이 아니라는 것은 합리적이지 못하다. 자신이 어쨌든 자유롭게 되었다고 해서 스스로를 더 잘 보살피게 될 것이라고는 생각하지 않을 것이다. 어쩌면 어리석은 사람은 주인한테서 도망쳐야만 한다고 생각할 수도 있을 것이다. 이는 적어도 좋은 주인한테서는 도망칠 것이 아니라 되도록 머물러 있어야 한다는 데에 생각이 미치지 못해서이다. 그래서 그는 생각 없이 도망치는 것이다. 반면에 지각 있는 사람은 언제나 자기보다 나은 이 곁에 머물고 싶어 할 것이다. 그래서 스스로 목숨을 끊는 것과 관련해서 지혜로운 사람들은 자신들이 죽게 되는 데에 성을 내는 데 반해 어리석은 사람들은 기뻐한다고 한다.

소크라테스는 지혜를 사랑하는 자는 임박한 죽음에 대해 노여워하거나 두려워하지 않고 그것을 맞이할 것이라고 한다. 그러자 케베스와 심미아스는 이 주장의 근거를 설명해 달라고 요구한다. 진정으로 지혜에 대한 사랑(철학philosophia)으로 생애를 보낸 사람은 죽음에 임하여 확신을 갖고 있으며, 또한 자기가 죽은 뒤에는 최대의 좋은 것들을 얻게 될 것이라는 희망에 차 있다. 지혜에 대한 사랑에 옳게 종사해 온 사람들은 모두가 다름 아닌 죽음을 스스로 추구하고 있다는 점을 다른 사람들이 모르고 있는 것 같다. 만일 이것이 진실이라면 온 생애를 통하여 다름 아닌 죽음을 열망해 오다가 막상 죽음이 자기에게 닥쳐왔을 때에는 성을 낸다는 것은 확실히 이상한 일이다.

죽음은 육체로부터의 혼의 해방이다. 육체와 결부된 감각적 지각을 통해서는 참된 존재에 대한 앎이 획득될 수 없다. 그런 앎은 오로지 순수한 사고와 추론을 통해서만 획득될 수 있다. 그런데 순수한 사고와 추론은 오직 혼이 육체의 영향으로부터 온전히 해방된 상태에서만 가능하다. 그러므로 만일 죽음이 육체로부터의 혼의 해방을 뜻한다면, 참된 존재에 대한 앎을 추구하는 철학자들은 결국 죽음의 상태를 추구하고 열망하는 셈이다. 그렇다면 평생 이런 상태를 염원하던 사람이 막상 죽음을 앞두고는 노여워하고 두려워한다는 것은 우스꽝스러운 일이다(『파이돈』 61c~69e).

혼이 불멸한다는 것을 입증해 보이는 시도가 종료된 뒤에 소크라테스는 혼이 사후에 겪게 되는 일에 관한 신화적 이야기를 들려준다. 지구는 구형球形이며 아주 커서 우리는 파시스 Phasis강으로부터 헤라클레스의 두 기둥에 걸친 작은 일부 지역에서 살고 있다. 그것은 마치 개미들이 연못 주변에서, 개구리들이 바다 주변에서 살고 있는 것과 비슷하다. 지구 곳곳에는 온갖 모양과 크기의 우묵한 곳들이 많이 있어서 물, 안개 그리고 공기가 이곳으로 흘러 들어간다고 한다. 우리는 바로 이 우묵한 부분에 거주하고 있다. 우리가 지구 위에 살고 있다고 생각하는 것은 착각에 불과하다. 우리가 하늘이라고 생각하고 있는 것은 사실 아이테르가 우묵한 곳으로 흘러든 찌꺼기와 같은 것으로, 그것을 넘어 올라가서야 비로소 참된 지구의 위쪽과 그것 위의 참된 하늘을 볼 수 있게 된다. 이것은 마치 바닷속에 사는 사람이 바다 위쪽에 살고 있다고 여기고,

물을 통해 태양과 별들을 보고 있으면서도 그 물을 하늘이라고 여기는 것과 마찬가지이다.

참된 지구는 생전에 올바른 삶을 살았고 철학을 통해 자신을 정화한 사람들의 거처이다. 그곳에서 그들은 신들과 함께 거주하게 되며 이에 따르는 최상의 행복을 누리게 된다. 반면 생전에 여러 잘못을 저지른 혼들에게는 보다 고단한 운명이 기다리고 있다. 그들은 각자가 저지른 과오의 경중에 따라 사후에 다양한 고난을 겪게 되는데, 그들의 운명을 상술하는 과정에서 플라톤은 지구의 안쪽 부분, 즉 지하 세계에 대해 상세하게 묘사한다. 지구의 가장 깊은 부분에는 타르타로스Tartaros가 위치한다. 타르타로스는 치유 불가능한 과오를 저지른 자들의 영원한 거처이다. 반면 이들에 비해 상대적으로 작은 과오를 저지른 사람들에게는 구제의 기회가 주어져서, 그들이 잘못을 저질렀던 사람의 용서를 받게 되면 타르타로스로부터 벗어날 수 있게 된다. 지구의 여러 지역들은 지하에 흐르는 크고 작은 여러 강들에 의해 서로 연결되어 있는데, 그 가운데 가장 큰 네 개의 강이 오케아노스Okeanos, 아케론Acheron, 피리플레게톤Pyriphlegethon, 코키토스Kokytos이다.

혼의 불멸을 말하는 『파이돈』에는 꿈 이야기가 나온다. 꿈은 꼭 프로이트S. Freud가 아니더라도 오래전부터 주목되어 왔다. 철학자도 꿈을 꾼다. 소크라테스와 플라톤이 꾸었다는 꿈을 둘러싸고 많은 해석이 있다. 먼저 플라톤이 꾸었다는 꿈을 보자. 앞서 머리말에서 올림피오도로스가 전하는 플라톤의 꿈 이야기를 간략하게 소개한 바 있다. 플라톤이 죽기 얼마 전에 꾸었다는 꿈에서 플라톤은 백조로 변신했고, 많은 궁수들이 활을 쏘아 떨어뜨리려 했으나 그 백조가 매우 민첩하게 이리저리 날아다니는 통에 어느 누구도 적중시키지 못했다는 것이다.

소크라테스의 꿈으로는 두 가지가 있다. 그 한 가지는 앞서 플라톤의 꿈과 연결된다. 어느 날 소크라테스가 꿈을 꾸었는데, 그 꿈에서 아직 어려 날지 못하는 작고 어린 새끼 백조를 무릎 위에 놓고 얼러 대면서 놀고 있었다고 한다. 그런데 갑자기 백조에게 날개가 돋더니 이윽고 푸드득 창공을 향해 날아가더라는 것이다. 다음 날 한 청년이 소크라테스에게 안내되어 왔다. 소크라테스는 그 청년을 유심히 보더니 "자네가 어젯밤 꿈의 그 백조로군"이라고 말했다고 한다. 플라톤에게는 소크라테스와의 만남이 자신의 인생 항로에서 결정적 방향 전환을 가져오는 일이다. 이토록 중요한 사건이라면 아마도 둘 사이에 범상치 않은 교감이 있었을 것이라고 생각하는 사람들이 이 꿈 이야기를 지어냈을 것이다. 앞서의 플라톤의 꿈과 지금 이 소크라테스 꿈에 공통적으로 아폴론의 새인 백조가 등장한다. 두 꿈 사이의 최소한의 연결성은 확보된 셈이다. 그리고 아폴론은 철학과 밀접하게 연관된다. 플라톤은 『파이돈』에서 철학을 가리켜 '무사 여신들Mousai의 술 가운데 최고의 것megiste mousike'이라고 말하는데, 아홉 무사 여신들을 지휘하는 것은 아폴론이다.

죽음과 관련 있는 것은 소크라테스의 또 다른 꿈 이야기이다. 소크라테스 최후의 날 아침 일찍 감옥으로 찾아온 제자들이 소크라테스와 나눈 대화인 『파이돈』에서 케베스가 궁금해한다. 즉 이전에는 전혀 시를 지은 적이 없는 소크라테스가 감옥에 갇혀 지내는 동안 아이소포스Aisopos(이솝)의 우화들을 운문으로 만들고 아폴론 신에 대한 찬가를 짓는 등 시를 지은 이유에 대해 케베스가 묻는다. 소크라테스는 지나간 생애에 걸쳐 똑같은 꿈이 여러 차례 나타나서는, 때마다 다른 모습으로 보이지만 결국 똑같은 것을 말했다고 한다. 그것은 "소크라테스여, 시가詩歌를 지어라"라는 것이다. 소크라테스는 이 꿈을 자신이 하고 있는 바로 그 일을 하도록 격려하고 성원하는 것으로 이해했다고 한다. 그러면서 마치 달리기를 하는 사람더러 더 잘 달리라고 응원하는 것과 같다고 한다. 그렇지 않아도 소크라테스는 철학philosophia(지혜 사랑)을 해 왔는데 철학은 '가장 위대한 시가megiste mousike'이므로 시가를 지으라는 꿈은 하던 일을 계속하라는 격려라는 것이다.

그런데 이에 더해 소크라테스는, 재판도 끝나서 감옥에 갇혀 델로스섬 아폴론 축제 사절단의 배가 돌아오는 것만을 기다리는 처지에 그 꿈이 여러 차례 지시한 것이 혹시 통속적인 의미의 시가를 지으라는 것이라면, 그에 불복할 것이 아니라 지시에 따라야겠다고 생각했다고 한다. 꿈의 지시를 따라 시가를 지음으로써 양심에 걸리는 것 없이 이 세상을 떠나고 싶었다는 것이다. 그래서 축제의 주인공인 아폴론을 기리는 찬가를 지었고, 그다음으로는 정녕 시인이 되려면 우화들mythoi을 지어야지 논술하는 글들logoi을 지어서는 안 되는데, 그 자신 우화에는 재간이 없기 때문에 손 가까이 있고 또 암기하고 있는 아이소포스의 우화들 가운데 먼저 떠오르는 것을 운문으로 고쳐 보았다고 한다.

시가를 지으라고 요청하는 꿈은 소크라테스가 평생 여러 차례 꾼 것으로 되어 있다. 그리고 소크라테스는 이 꿈속의 요청을 '지혜 사랑'을 계속하라는 격려로 받아들였다. 다만 감옥에 갇혀 지내면서 이 꿈이 말하는 것이 혹시 글자 그대로 시를 지으라는 것이라면 이에도 부응하는 것이 나쁘지 않다고 생각했다. 우리도 꿈이 무엇을 요청하는지 귀담아 들어 볼 필요가 있을 것이다.

3
혼을 돌본다는 것

무엇을 소크라테스의 유언으로 볼 것인가? 이를 두고 많은 억측과 논란이 있어 왔다. 소크라테스의 유언으로 간주되는 첫 번째 것은 "악법도 법이다"이다. 소크라테스가 "악법도 법이다"라고 말했다는 것, 그리고 이것이 그의 유언이라는 것은 오직 우리나라에서만 횡행하는 잘못된 사실이자 견해이다. 1993년 고려대 철학과 권창은 교수가 「소크라테스와 '악법'」(『철학연구』 제33집)이라는 논문에서, 서강대 정치외교학과 강정인 교수가 같은 해 한국정치학회 연례학술발표대회에서 발표한 「소크라테스, 악법도 법인가?」라는 논문에서 각각 이 오래되고 널리 퍼진 견해가 전혀 근거 없는 것임을 밝힌 바 있다. 그런데도 소크라테스가 감옥에 갇혀서도 "악법도 법"이라면서 탈옥을 거부했다는 잘못된 견해는 아직도 널리 퍼져 있다. 과거 권위주의 정권 아래에서 '법실증주의'니 '준법정신'을 강조하면서 억지로 소크라테스를 끌어댔던 것이 세월이 지나도 제대로 교정되지 않고 있는 것이다. "악법도 법이다"라는 표현이 있다면 문맥상 『크리톤』에 있어야 할 것이다. 그러나 『크리톤』 어디에서도 이런 식으로 번역할 만한 표현은 찾을 수 없다.

악법도 법인 이상 지키는 것이 옳다는 생각은 사실 소크라테스의 평소 생각과는 반대된다. 『소크라테스의 변론』에서 소크라테스는 레온과 관련해 있었던 일을 이야기한다(『소크라테스의 변론』 32c-e). 과두정 치하에서 30인 통치자들은 소크라테스를 포함한 다섯 사람을 원형 청사tholos로 불러서는 살라미스에 가서 살라미스 사람 레온을 체포해 오라는 명령을 내린다. 레온을 처형하기 위한 것이었는데, 가능한 한 많은 사람을 자기들의 죄악에 끌어들이기 위해 그런 일들을 숱하게 명령하곤 했다고 한다. 소크라테스는 죽음에 대해서는 어떤 관심도 갖지 않았지만 어떤 부정의한 일도, 불경건한 일도 저지르지 않는 것에 온통 관심을 쏟고 있었다고 말한다. 자신은 공포로 인해 부정의를 저지를 사람이 아니라고도 한다. 원형 청사에서 나와 네 사람은 살라미스로 가서 레온을 붙잡아 왔지만 자기는 이들과 헤어져 집으로 왔고, 만일 과두정권이 빠르게 무너지지 않았더라면 자신은 이 일로 인해서 죽었을 것이라고 한다.

위험을 무릅쓰고라도 올바르지 못한 명령을 거부한 소크라테스이다. "악법도 법이다"가 나타내는 것과는 정반대이다. 그래서 소로Henry David Thoreau(1817-1862)는 자신의 '시민 불복종 civil disobedience' 정신이 소크라테스로부터 온 것이라고 말하고 있는 것이다. 또 마하트마 간디Mahatma Gandhi(1869-1948)는 이런 소로를 자기의 비폭력 불복종 운동의 시원으로 본다. 그렇다면 소크라테스는 악법일지라도 그것이 법인 한 지켜야 한다는 것이 아니라, 법이 정당하지 못하다면 그 법에 불복종해야 한다는 것을 주장한 철학자로 평가받아야 할 것이다. 이런 관점에서 보자면 "악법도 법"인 것이 아니라 "악법은 악"이다.[12]

소크라테스의 유언으로 간주되는 두 번째 것은 "아스클레피오스에게 닭 한 마리 바쳐 달라"라는 당부이다. 플라톤의 『파이돈』에 나오는 이 표현은 확실히 소크라테스가 독배를 들이키고 마지막으로 남긴 말이다. 『파이돈』의 이 말을 "악법도 법이다"와 결합시키는 것 역시 우리나라에서만 있는 일이다. 경우에 맞지도 않은 '준법정신'을 운운하는 자들은 소크라테스가 죽으면서까지 아스클레피오스에게 빚진 것을 갚으라고 했으니 이 역시 준법정신의 발현이라고 말한다. 얼토당토않은 해석이다.

아스클레피오스는 희랍 신화에서 의신醫神이요 치유의 신이

---

12 다음 두 책이 자세한 논의를 보여 준다.
   권창은·강정인, 『소크라테스는 악법도 법이라고 말하지 않았다』, 고려대학교출판부, 2005.
   김주일, 『소크라테스는 '악법도 법이다'라고 말하지 않았다』, 프로네시스, 2006.

다. 고대 희랍 사람들은 육신의 병이 나으면 치유의 신인 아스클레피오스에게 감사의 제물로 닭 한 마리를 바쳤다. 이제 소크라테스는 죽음을 눈앞에 두고 있다. 소크라테스에게 죽음은 혼이 육체로부터 해방되는 일, 곧 치유되는 일이다. 그러니 자기 몫으로도 치유의 신 아스클레피오스에게 닭 한 마리 바쳐 달라고 한 것이다. 외상으로 먹은 닭값을 마지막 순간에도 기억해 내고는 준법정신을 발휘해서 갚아 달라고 했다는 것은 참으로 기막힌 해석이다.

소크라테스의 유언으로 간주되는 세 번째 것은 "혼을 돌보라"라는 당부이다. 대화편 『파이돈』의 끄트머리에서 오랜 친구이자 제자인 크리톤이 그 자리에 모인 사람들에게 마지막으로 지시할 일이 무엇인지를 소크라테스에게 묻는다. 이에 대한 소크라테스의 대답은 이렇다. "자네들이 자네들 자신을 돌본다면, 자네들은 나를 위해서도 내 가족을 위해서도, 그리고 또 자네들 자신을 위해서도 기쁠 일을 하게 될 걸세." 여기에서 '자네들 자신을 돌본다면'이라는 표현은 '진정으로 자네들 자신을 돌본다면'을 뜻하고, 이는 더 나아가 '진정한 자네들 자신을 돌본다면'을 의미하는데, 그 '진정한 자신'이란 바로 그들 자신의 혼을 가리킨다. 결국 소크라테스가 마지막으로 남긴 말은 '네 혼을 돌보아라'로 요약된다. 그래서 '혼을 돌본다는 것', 희랍어로 '에피멜레이스타이 테스 프시케스epimeleisthai tes psyches'를 소크라테스 철학의 핵심으로 보기도 하는 것이다.

로마 신화를 보면 걱정, 근심, 불안, 우려의 신인 쿠라Cura 여신이 인간을 만드는 과정이 나온다. 우선 땅을 차지하고 있는 신을 찾아가 육체의 재료인 흙을 얻어 인간을 빚었지만, 아직 생명이 없었다. 그래서 이번에는 영혼을 관장하는 신을 찾아가 영혼을 얻어 그 인간에게 불어넣었다. 처음에는 흙과 영혼을 빌려준 신들이 대단치 않게 여겼는데, 막상 인간이 완성되자 사정이 달라졌다. 세 신 모두 인간을 소유하고 싶은 욕심이 생긴 것이다. 저마다 인간을 소유하겠다고 다투다가 급기야 재판관에게 판결을 내려 줄 것을 간청하기에 이르렀다. 이 재판관은 세 신, 그러니까 땅의 신, 영혼을 관장하는 신, 쿠라 여신을 모두 만족시키는 이른바 솔로몬식 판결을 내렸는데, 그 판결이 곧 인간의 운명이 되었다고 한다. "이 인간이 죽으면 흙을 빌려준 땅의 신은 육체를 되돌려받고, 영혼을 빌려준 신은 그 영혼을 도로 차지하라. 그러나 이 인간이 살아 있는 동안에는 쿠라 여신이 소유하라." 이렇게 해서 인간은 살아 있는 동안 끊임없이 걱정, 근심, 불안, 우려의 노예가 된다는 것이다.

돌이켜 보면 누구에게나 늘 근심거리가 있다. 지금 생각하면 별일 아니지만 그때는 얼마나 큰 걱정거리였는가? 어머니가 아끼던 그릇을 깨뜨리고, 혹은 친구들과 놀기에 바빠 어머니가 해 놓으라는 일을 하지 않고는 야단맞을까 걱정이 되어 날이 저물어 어둑해지도록 대문 멀리에 숨어 있다가, 들어와서 밥 먹으라는 어머니 말씀에 왈칵 눈물을 쏟았던 기억이 없는가. 어린 시절뿐만이 아니다. 학교에 다니던 시절, 결혼해서 아이 낳아 기르던 시절, 그 아이들이 다시 결혼하고 아이 낳기에 이르기까지 걱정과 불안은 그 내용을 달리하면서 계속된다. 실로 인간은 온갖 번민으로 얼룩진 존재이다. 프랑스 시인 아르튀르 랭보Arthur Rimbaud의 시구처럼 상처 없는 영혼이 어디 있겠는가?

앞에서 소개한 쿠라 신화는 현대철학의 거장 하이데거M. Heidegger의 대표적 저서인 『존재와 시간』에 등장한다. 이 쿠라 Cura라는 신의 이름에서 대문자인 머리글자를 소문자로 바꾸면 보통명사 쿠라cura가 되는데, 바로 이 단어로부터 영어의 케어care라는 단어가 나왔다고 한다. 라틴어 쿠라cura, 영어 케어care에 해당하는 독일어 단어가 조르게Sorge이다. 하이데거는 쿠라 신화로부터 자신의 핵심 개념 조르게Sorge를 끌어낸다. 그런데 매우 흥미로운 것은 독일어로 목사직, 사제직을 제엘조르게Seelsorge라고 하고, 목사나 사제를 제엘조르거Seelsorger라고 한다는 사실이다. 목사나 사제가 하는 일은 '혼을 돌보는 일'이요, 목사나 사제란 '혼을 돌보는 자'라는 것이다. '혼을 돌보는 일'이란 표현은 대뜸 소크라테스를 떠올리게 한다.

자신의 혼을 돌본다는 것은 예수 그리스도에게 있어서도 중요한 역할을 한다. 예수가 십자가를 메고 골고다 동산을 올라갈 때 많은 이들이 길가에서 이 참혹한 광경을 보고 울었다. 이때 예수는 나를 위해 울지 말고 네 자신을 위해 울라고 한다. 네 자신을 위해 울라는 것은 다름 아니라 네 자신의 혼을 위해 울라는 것이요, 이것은 네 자신의 혼을 보살피라는 것과 다르지 않다. 같은 맥락에서 덴마크의 실존 사상가 키르케고르는 성서의 표현을 따서 "비록 온 세상을 얻는다고 할지라도 네 혼을 다친다면 무슨 소용이 있겠냐"라고 묻는다.

2006년 3월, '대한불안장애학회'가 전국의 성인 남녀 1,000명을 대상으로 개별 면접조사를 실시한 결과 전체 응답자의 25%가 "불안한 상태에 있다"라고 답했다고 한다. 한국인 4명 가운데 1명은 불안 증세를 겪고 있는 셈이다. 의사들은 약물 치료, 인지·행동 치료, 상담 치료를 받을 것을 권한다. 그런데 이런 경우 항우울제(프로잭Prozac)를 복용할 것이 아니라 철학(대표 격으로 플라톤)을 하는 게 좋다고 주장하는 사람들이 있다. 몸이 아프면 병원이나 약국을 찾지만, 혼이나 마음이 아프면 어떻게 해야 할까? 신경정신과, 심리 상담소, 성당이나 교회도 도움이 될 수 있겠으나 어떤 사안의 경우에는 오히려 철학에 도움을 청하는 것이 바람직하다는 것이다.

1981년 독일 철학자 게르트 아헨바흐Gerd Achenbach는 철학 진료 연구소Institut für Philosophische Praxis를 개설했다. 아헨바흐가 말하는 '철학 진료'란 철학자의 진료실에서 전문적으로 시행되는 철학적 생활 상담을 가리킨다. 그는 이렇게 말한다. "철학 진료에서 우리는 철학의 교사가 아니라 철학자일 것을 요구받는다. 철학의 구체적 모습은 철학자이다. 철학자가 곧 하나의 기관으로서의 철학 진료소이다. 철학 진료는 자유로운 대화로 철학 이론을 처방하며, 철학적 사고를 작동시킨다." 1982년에는 독일에서 '철학 진료 협회Gesellschaft für Philosophische Praxis'가 창설되었다.

아헨바흐의 생각을 이어받아 철학 진료를 세계적인 현상으로 확대시킨 사람은 미국의 철학 교수 루 매리노프Lou Marinoff이다. 그는 '미국 철학 진료 협회American Philosophical Practitioners Association, APPA'를 창설했으며 지금도 회장직을 맡고 있다.

독일어 표현 '필로조피셰 프락시스philosophische Praxis'는 영어로는 '필로소피컬 프랙티스philosophical practice'로 번역된다. 이때의 프락시스Praxis나 프랙티스practice는 첫째로 의사의 개인 진료소나 변호사의 개인 사무실, 둘째로 개업의나 개업 변호사가 하는 일을 가리킨다. APPA라는 표현에 들어 있는 영어 프랙티셔너practitioner는 개업의를 말한다. 필로조피셰 프락시스는 짧은 시간 안에 하나의 중요한 개념으로 확립되기에 이르렀다. 독일어권에는 중요한 철학 개념의 역사적 변천을 보여주는 『철학 개념사 사전Historisches Wörterbuch der Philosophie』이 있다. 모두 12권으로 된 이 방대한 사전은 중요한 철학 개념들을 표제어로 삼아서 각각 고대에서부터 현대에 이르기까지 어떤 변천을 거쳤는지를 자세히 보여 준다. 필로조피셰 프락시스가 이 사전에 등재되었다는 것은 이례적이다. 그것은 생겨난 지 얼마 안 되는 개념이 아주 빠른 속도로 '이성', '존재', '인식' 등과 나란히 서게 된 몇 안 되는 사례 가운데 하나라고 할 것이다. 필로조피셰 프락시스를 우리말로 무엇이라고 할 것인지 정하기도 쉽지 않다. '철학 상담'이나 '철학 카운슬링' 혹은 이런 일을 하는 장소인 '철학 상담소'라고도 번역할 수 있을 것이다. 그러나 마음의 병, 영혼의 아픔을 고친다는 뜻에서 '철학 진료'나 그런 일을 하는 곳인 '철학 진료소'로 번역하고자 한다.

매리노프는 '질병disease'과 '불편함dis-ease'을 구별한다. 만일 당신이 '질병'을 앓고 있는 것이라면 적절한 의학적 진단과 치료를 받아야 할 것이다. 그렇지만 신체에는 이상이 없는데 정신적으로 '불편함'을 겪고 있는 것이라면 당신의 사고방식과 생활 방식을 점검해 보아야 한다. '질병'의 경우에 의학과 약이 도움을 준다면, '불편함'의 경우에는 철학이 도움을 줄 수 있다. 그래서 매리노프는 '불편함'의 경우에는 항우울증 치료제 프로잭을 복용할 것이 아니라 철학으로부터 도움을 받는 것이 올바른 방법이라는 의미에서 "프로잭이 아니라 플라톤 Plato not Prozac"이라는 표현을 동원한다.

매리노프의 철학 진료는 모두 5단계로 구성된다. 첫 번째 단계는 '문제Problem'의 단계이다. 이 단계에서는 나를 불편하게 만드는 것이 도대체 무엇인지를 분명히 하고, 그것을 자신의 문제로 삼는다. 두 번째 단계는 '정서Emotion'이다. 앞의 '문제'가 발생시킨 정서를 검토한다. 세 번째 단계는 '분석Analysis'이다. 이 단계에서는 문제를 해결할 방법과 대안을 열거하고 평가한다. 네 번째 단계는 '명상Contemplation'이다. 이 단계에서는 보다 넓은 전망을 확보한 상태에서 전체적 상황을 철학적 관점에서 통합한다. 다섯 번째 단계는 '평형Equilibrium'이다. 내가 당면한 문제의 본질을 파악하고 타당한 조치를 취한 다음 평온한 마음을 회복하는 단계이다. 매리노프는 자신의 진료 방법을 이 다섯 단계를 가리키는 다섯 단어의 머리글자를 조합해서 '마음의 지속적 평화를 가져다주는 방법'이라는 뜻으로 PEACE라고 칭한다.[13]

---

13 루 매리노프, 『철학으로 마음의 병을 치료한다』, 이종인 옮김, 해냄, 2000.

철학 진료를 둘러싼 움직임은 결코 새로운 것이 아니요, 알고 보면 철학의 오랜 전통을 회복하는 일이기도 하다. 소크라테스와 소피스테스들, 그리고 고전 시기 이후의 여러 학파들은 철학이 삶의 기술ars vivendi도 가르쳐야 한다고 생각했으며 실제로 가르치기도 했다. 오늘날 서양 여러 나라에서 철학 전공자의 직업 전망을 논하는 글들을 보면 '철학 상담원philosophischer Berater'을 꼽는 경우가 많다. 철학자가 의사, 변호사, 심리학자처럼 진료소 혹은 상담소를 차리고 상담에 응하는 것이다.

현대 사회의 특징 가운데 하나는 급속한 변화가 일어나고 있어서 멈출 수도 없고 속도를 조절하기도 어렵다는 점이다. 그래서 현대를 광속光速의 시대라고 부를 만하다. 이런 광속의 변화는 그 미친 듯한 속도[狂速]로 인해 철학 진료를 필요로 하는 많은 사람들을 생겨나게 할 것이고, 철학은 이 과제를 기꺼이 떠맡음으로써 현실 연관성을 회복하는 다시없는 기회로 삼을 수 있을 것이다.

소크라테스는 재물이 최대한 많아지는 것, 명성doxa이나 명예time를 얻는 것에 대해서는 마음 쓰면서 사려분별phronesis, 진리aletheia, 혼psyche이 최대한 훌륭해지도록 하는 일에 대해서 마음 쓰지 않는 것은 부끄러운 일이라고 질타한다(『소크라테스의 변론』 29d-e). 그는 자신이 돌아다니면서 하는 일은 혼이 최선의 상태가 되도록 마음 쓰기보다는 몸이나 재물에 마음 쓰는 일이 없도록 하라고 설득하는 일이라고 한다. 재물로 인해서 사람으로서의 훌륭함arete이 생기는 것이 아니라, 사람으로서의 훌륭함으로 인해서 재물이나 그 밖의 다른 모든 것도 사람에게 좋은 것이 되는 것이다(『소크라테스의 변론』 30a-b).

한때 '몸짱'이라는 말이 유행한 적이 있었다. 소크라테스의 "혼을 돌보라"라는 당부와는 완전히 반대인 풍조를 나타내는 단어이다. 한심하다고 생각하고 있었는데 얼마 지나지 않아 '얼짱'이라는 말도 생겨났다. 필자는 속으로 외쳤다. "그럼 그렇지! 이제야 균형을 맞추는군." '얼'이라는 단어는 '정신'이나 '혼'을 가리키는 순우리말이 아닌가. 예전 「국민교육헌장」에도 "조상의 빛난 얼을 오늘에 되살려"란 표현이 있었다. 그런데 그게 아니었다. 필자의 추정은 보기 좋게 빗나갔다. '얼짱'은 '얼굴이 짱인 놈'으로 '혼'과는 아무 상관이 없고, 그토록 못마땅했던 '몸짱'에서 더욱 악화된 표현이었던 것이다. '몸짱'이나 '얼짱' 되기를 바랄 것이 아니라 '혼짱'이나 '마음짱'이 되기를 바라야 할 것이다. "혼을 돌보라"라는 소크라테스의 당부는 여전히 유효하다.

4

죽음의 연습으로서의 철학

제자들과의 대화가 끝나고 소크라테스는 목욕을 하고서 독약을 마시면 여인들이 주검을 목욕시키는 수고를 하지 않게되어 더 나을 것이라고 말한다. 그는 자리에서 일어나 목욕을하러 어떤 방으로 들어갔는데, 크리톤만은 그를 따라 들어가면서 나머지 일행에게는 기다리라고 지시한다. 목욕을 마치고 나와 집안 여인들과 세 아들을 다시 만나 자신이 원하는 것들을 일러 주고는 감옥 밖으로 내보낸다. 다음으로는 형을 집행하는 임무를 수행하는 '11인 위원회' 관리가 소크라테스에게 마지막 인사를 한다. 그 관리는 다른 사람들은 독약을 마실 것을 명하면 화를 내고 저주를 퍼붓기도 하는데, 당신은 그렇게 하지 않으리라는 것을 잘 안다고 말한다. 그는 소크라테스야말로 여태껏 자신이 감옥에서 본 이들 가운데 가장 고귀하고gennaiotatos, 가장 온유하며praotatos, 가장 훌륭하신aristos 분이었다는 것을 고백한다(『파이돈』 116c). 감옥 관리조차 소크라테스의 인품에 감화되어 3개의 최상급 형용사를 써서 그를 칭송하고 있다. 관리는 편히 가라는 인사를 하고 불가피한 것들은 되도록 수월하게 견디어 내시라고 당부하면서 눈물을 흘리며 돌아선다.

이제 때가 되고 말았다. 소크라테스는 이 관리가 예의 바르고 상냥했으며 지금도 자신을 위해 울고 있다면서 이 사람이 권하는 대로 따르자고 한다. 그는 이미 독약을 지었으면 가져오게 하고, 아직 짓지 않았으면 지으라고 한다. 크리톤이 안타까운 마음에서 아직 해가 산등성이에 있지 진 게 아니고, 다른 사람들 같으면 지시가 내려진 뒤에도 아주 늦게서야 독약을 마신다고 말해 보지만 소크라테스가 이 말을 따를 리 만무하다. 소크라테스는 "이제 안에 남아 있는 것이 전혀 없는 터에 아낀다"라는 격언 조의 말을 통해 이런 일에서 시간을 끄는 것은 비웃음을 자초할 뿐이라고 한다. 결국 크리톤이 시중드는 소년을 보내 독약을 전달할 사람을 불러들인다. 무엇을 어떻게 해야 하느냐는 소크라테스의 물음에 관리는 독약을 마시고서 다리에 무거움을 느끼게 될 때까지 이리저리 거닐다가 누우면 된다고 대답한다.

드디어 소크라테스가 잔을 입에 대고 침착하게, 그리고 편안히 잔을 비운다. 그때까지 울음을 참던 일행이 일제히 울음을 터뜨리자 소크라테스가 숙연한 가운데 죽음을 맞아야 하니 의연하게 있으라고 당부한다. 관리의 지시대로 그는 이리저리 거닐다가 두 다리가 무거워지자 자리에 눕는다. 독약을 주었던 관리는 무엇인가로 얼굴을 덮은 채로 누워 있는 소크라테스의 다리를 세게 누르고는 느낌이 있느냐고 묻는다. 다음에는 정강이로 올라간다. 이렇게 점점 위로 옮겨 가며 눌러 보면서 소크라테스의 몸이 굳어 가고 있음을 보여 주는 것이다. 얼마 지나지 않아 크리톤이 할 말이 있느냐고 물었는데 소크라테스는 아무 대답도 하지 않았다. 조금 지나서는 몸을 떨었다고 한다. 관리가 얼굴에 덮었던 것을 걷으니 소크라테스의 두 눈이 더 이상 움직이지 않았다. 그러자 크리톤이 입을 다물게 해 드리고 두 눈을 감겨 드렸다고 한다.

　소크라테스의 최후를 묘사한 플라톤은 앞서 '11인 위원회' 관리가 그랬던 것처럼 3개의 최상급 형용사가 들어 있는 문장으로 대화편 『파이돈』을 끝맺는다. "바로 이것이 우리가 알게 된 사람들 가운데 가장 훌륭하고aristos, 가장 지혜로웠으며 phronimotatos, 가장 올발랐던dikaiotatos 사람의 최후였다"(『파이돈』 118a).

　플라톤의 여러 대화편들이야말로 '죽음'과 '혼의 불멸'을 잘 드러낸다고 할 수 있다. 고대철학 연구자 라인하르트K. Reinhardt가 지적하듯 플라톤에게서 죽음이라는 주제가 어떤 방식으로든 개진되지 않는 대화편은 없다고 할 수 있다.[14] 플라톤에서는 '죽음'의 문제가 항상 '혼의 불멸성'이라는 주제와 연관되어 있다. 플라톤에게 철학은 불멸에 이르는 길이다. 그것은 불멸의 존재를 경험하는 일에 임시로 들어서는 것으로서든 아니면 죽음 이후에 불멸하는 존재에 도달하는 길로서든 그러하다.

----

[14] K. Reinhardt, *Platons Mythen*, Bonn, 1927, S. 52.

『파이돈』에서 철학은 '죽음의 연습melete thanatou'으로 규정된다(『파이돈』 81a). 이 구절은 죽음을 추구한다는 것으로 파악될 수 있을 뿐만 아니라 동시에 불사를 추구한다는 것으로도 이해될 수 있다. 플라톤에 따르면 철학한다는 것philosophieren은 죽는 것sterben이다. 그런데 죽음이란 혼이 육체로부터 분리되는 것이다. 육체로부터 해방된 혼은 불멸의 것이다. 플라톤에 따르면 철학적 사유라는 운동의 목표는 어떤 이론, 학설, 체계를 전개하는 데 있는 것이 아니라 혼이 특정한 상태에 이르도록 하는 데 있다. 이 상태는 결국 죽음을 통해서야 비로소 도달된다.

올바르게 철학한다는 것은 혼을 육체가 원하는 것에 될 수 있는 대로 덜 따르게 하고, 혼이 항상 그 자체로만 모여 있도록 애쓰는 것이다(『파이돈』 80e). 혼이 육체로부터 해방되는 데에 대한 요구는 불멸성에 대한 요구이다. 인간은 본성상 죽지 않을 수 없기 때문에 인간의 혼이 불멸한다는 것은 혼이 초인간적인 방식으로, 신적인 것의 생활 방식으로 들어선다는 것을 뜻한다. 즉 육체로부터 해방된 혼은 신적인 것에 아주 가까이 서 있다. 철학자는 혼이 사후에도 그 혼과 닮은 신적인 것에 도달하기를, 비교秘敎 언어로 표현하자면 '신들과 함께 지내기를meta theon diagousa'(『파이돈』 81a) 기대한다. "신들의 세계에 들어가는 것은 철학하지 않고 완전히 순수한 상태로 떠나지 않은 사람에게는 결코 허용되지 않는다"(『파이돈』 82b-c).

5

아름다운 나라,
훌륭한 나라를 찾아서

1

플라톤의 정치 체험

신플라톤주의의 대표적 철학자인 플로티노스Plotinos(205?-270)는 지금의 폼페이 근처에 플라토노폴리스Platonopolis(플라톤의 나라)라는 이름으로, 플라톤의 가르침에 따라 생활하는 사람들만의 도시를 건설할 계획을 세웠던 것으로 전해진다. 플로티노스를 적극적으로 후원했던 갈리에누스Gallienus 황제의 재가까지 받았던 이 계획은 황제가 268년에 피살됨에 따라 황실 내부의 정치적 갈등에 휘말려 실행되지는 못했다. 이처럼 플라톤이 죽고 나서 600년이 지난 뒤에 플로티노스가 세우고자 했던 플라토노폴리스는 과연 어떤 나라였을까?

르네상스 시기의 마르실리우스 피치누스Marsilius Ficinus는 플로티노스 전집을 라틴어로 번역해 내는데, 그 번역 첫머리에서 신약 성서의 표현에 빗대어 다음과 같이 말한다. "어쩌면 플라톤은 플로티노스를 염두에 두고 이렇게 외칠 것이다. 이는 내 사랑하는 아들, 내 마음에 꼭 드는 아들이니 너희는 그의 말을 들을지니라!" 이런 피치누스의 생각을 받아들인다면, 우리는 플로티노스가 계획했던 플라토노폴리스가 비단 플라톤의 가르침대로 살고자 하는 사람들의 나라로 그치는 것이 아니라, 그 기본 골격에 있어서 플라톤이 생각한 바람직한 나라를 닮아 있었을 것으로 추측할 수 있겠다.

플라톤이 품었던 바람직한 나라에 대한 생각도 시대적 한계를 당연히 갖는다. 플라톤 당시의 아테네의 인구는 기껏해야 20여 만 정도로 추산된다. 또 그가 그리는 나라가 전체주의적이며 엘리트 중심적이지 않은가 하는 논의는 꾸준히 있었고, 이런 비판적 논의는 칼 포퍼Karl Popper가 2차 세계대전을 목도하면서 집필한 『열린 사회와 그 적들』에서 그 정점에 도달했다고 할 수 있다.

플라톤에게 문제가 되었던 것은 국가요, 어쩌면 오로지 국가뿐이었으며, 그는 원래 마지못해 철학자가 되었다고까지 말하는 사람들도 있다. 특히 앵글로색슨적 사유에 있어서는 플라톤의 의미가 그의 '국가 이론'으로부터 이끌려 나온다. 이런 해석의 전제를 갖고 있는 사람은 얼마든지 좋은 근거들을 댈 수 있다. 그도 그럴 것이 『국가』와 『법률』, 즉 플라톤의 저술 가운데 가장 방대한 두 작품이 국가의 문제를 집중적으로 다루고 있기 때문이다. 『국가』편이 국가의 완전하고도 이상적인 상像을 제시하는 반면에 『법률』편은 일차적으로 이런 국가의 현실적 가능성에 연관되어 있다. 전자가 '우리가 생각할 수 있을 최선最善의 나라'를 문제 삼는다면, 후자는 '실현 가능한 차선次善의 나라'를 그려 보이는 것이요, 전자가 '진단'의 성격을 갖는다면, 후자는 '처방'에 해당한다고 할 수 있겠다. 어쨌거나 이 두 작품에 공통되게 들어 있는 것은 국가에 대한 철학적 견해이다.

국가의 밑그림을 그리려는 플라톤의 시도가 부분적으로 빗나가고 말았다고 보는 몇 가지 논의들이 있다. 우선 그리 본질적이지는 않은 반박을 불러일으키는 것으로 두 가지가 있는데, 그 하나는 종종 야유의 대상이 되곤 하는 저 처자妻子 공유 제도를 요구한 것이요, 다른 하나는 실현되기 어려울 것이 분명한 지배자의 재산 소유를 막아야 한다는 요구이다. 그렇지만 정작 본질적인 반박은 일단 형성된 국가는 변화될 수 없다는 플라톤의 생각에 집중된다. 플라톤은 이 생각을 다음과 같은 근거를 대면서 주장한다. 즉 철학자들은 올바른 국가를 건설할 수 있고 따라서 이렇게 건설된 국가를 어떤 방식으론가 변경할 하등의 이유가 없다는 것이다. 우리는 플라톤의 국가 이론에서 오늘날에도 여전히 유효한 점들을 찾아낼 수 있다.

우리는 『제7서한』을 통해서 플라톤의 생애에 대한 그의 육성을 들을 수 있다. 이 편지는 시라쿠사이의 디온이 암살당한 뒤에 그의 친척들과 동지들이 앞으로의 대책에 대해 조언을 구해 오자 이에 대한 답신으로 쓰인 것으로, 여기에는 플라톤이 젊어서 정치에 관심을 두었다 실망하는 과정, 세 차례의 시칠리아 방문의 배경과 그 경과가 자세히 적혀 있다. 플라톤은 『제7서한』의 서두에서 소크라테스를 만나기까지 지녔던 정치 지향적 삶을 이야기한다. 아테네의 명문 거족 집안에서 태어났고 재능도 많았던 플라톤이 자신의 필생의 과업을 조국을 위한 정치 활동에서 찾았던 것은 그 당시의 관행에 비추어 당연한 일이었다. 이 점을 그는 편지의 앞머리에서 힘주어 말한다. "내가 예전에 젊었을 적에는 많은 사람들과 꼭 같은 마음의 상태에 있었소. 내 문제를 스스로 결정할 자격이 주어지면 그 즉시로 나라의 공사公事에 관여할 생각을 했었소"(『제7서한』 324b).

기원전 404년에 장차 현실 정치에 종사하겠다는 강한 열망을 품고 있던 플라톤에게 절호의 기회인 것처럼 보이는 일이 발생한다. 앞에서 언급한 대로 펠로폰네소스 전쟁이 아테네의 패배로 끝나고 30인 과두 체제가 정권을 장악하는데, 이들 가운데에는 플라톤의 외당숙과 외삼촌이 끼어 있었다. "바로 이들 중의 몇몇이 나와는 친척이거나 친지였으며, 게다가 또 그들은 내게 맞는 일이라 하여 바로 가담토록 권유했소"(『제7서한』 324d).

처음에는 플라톤도 이 30인 참주들의 지배 체제에 큰 희망을 걸었으나 곧 이 희망이 이루어질 수 없음을 알게 되었다. 이런 생각을 하게 된 데에는 이 새 정권이 소크라테스에게 내린 부당한 조치가 크게 작용했음에 틀림없다.

"그래서 지켜보았더니, 이들은 불과 얼마 되지 않아서 이전의 정치 체제가 오히려 황금시대의 것이었음을 입증해 보여 주는 것으로 여겨질 지경이었소. 다른 일들에 있어서도 그랬지만 이 경우는 특히 더했소. 나로서는 당대의 사람들 중에서 가장 올바른 사람이라 말해도 조금도 부끄러울 것이 없는 나의 친애하는 노년의 소크라테스를, 어떤 한 시민을 강제로 연행해 와서 처형하기 위해 다른 몇몇 사람들과 함께 그를 데리러 보내려 했던 것인데, 이는 소크라테스가 원하든 원치 않든 간에 자기들이 하는 일에 가담토록 하기 위한 것이었소. 그러나 소크라테스는 그 지시에 따르지 않고, 사악한 일에 있어서 그네들의 협조자가 되느니 차라리 무슨 수난이든 겪을 모험을 택했소. 그래서 이 모든 일들과 이런 종류의 다른 중대한 일들을 목격하고 나자, 나는 불쾌해져서 당시의 못된 짓들로부터 나 자신을 멀리하도록 했소." (『제7서한』 324d-325a)

한때는 과두정이라는 이 새로운 체제가 아테네에 정의를 구현하리라는 기대를 가졌던 플라톤은 결국 얼마 지나지 않아서 이 과두정이 벌이는 짓거리에 환멸을 느끼지 않을 수 없었다.

기원전 401년에 민주파 인사들이 망명지로부터 아테네로 귀환한다. 과두파와 민주파 사이의 정권 다툼의 와중에서 크리티아스와 카르미데스가 사망하고 다시금 민주정이 들어선다. 플라톤은 새로운 세상을 희망하기 시작한다.

"그러나 오래지 않아 30인 체제와 당시의 온 국가 체제가 또 정변을 겪었소. 그래서 다시금 공사公事와 정치에 관여하고 싶은 욕망이, 비록 앞서보다는 더디었지만, 나를 잡아 끌었소. 그런 혼란의 와중에 있었기에 사람들이 불쾌하게 여길 일들이 많이 일어나고 있었소. 그처럼 여러 차례의 정변을 겪는 과정에서 어떤 사람들이 자기의 적들에 대해서 심한 보복을 한다는 것은 조금도 이상할 것이 없는 일이었소. 하지만 이번에 복귀한 사람들은 무척 공정한 조처를 했소." (『제7서한』 325a-b)

그러다가 급기야 기원전 399년에 플라톤이 자신의 조국에 대해 유지했던 관계를 결정적으로 파괴하는 사건이 발생한다. 그것은 다름 아닌 그의 스승 소크라테스의 처형이었다.

"그러나 불행하게도 이번에는 우리들의 동지 소크라테스를 몇몇 권력자들이 그 누구보다도 소크라테스에게 있어서 가장 어울리지 않는 가장 고약한 죄목을 뒤집어 씌워서는 법정으로 이끌고 갔소. 그래서 그들은 그를 불경죄로 고발해서는 유죄 판결을 내려 처형했으니, 그는 그들 자신들이 망명하여 있던 불행한 시기에 있어서, 당시의 망명 동지들 중의 한 사람에 대한 부당한 연행에 가담하기를 거절했던 바로 그 사람이었소." (『제7서한』 325b-c)

플라톤은 그가 만난 사람들 가운데 "가장 훌륭하고, 가장 지혜로웠으며, 가장 올발랐던 사람"(『파이돈』 118a; 『제7서한』 324d-e)인 소크라테스를 터무니없는 죄목을 걸어 죽이는 아테네의 현실 정치는 이제 더 이상 희망을 걸 수 없는 구제 불능이라고 보았고, 아테네의 현실 정치에 참여하겠다는 생각을 결정적으로 거두게 되는 것이다.

『국가』에서 플라톤은 일반적인 판단으로는 정치에 종사하는 것이 적합해 보이지만 철학에로 방향을 바꾸는 한 젊은이의 상황을 그려 보인다.

"이런 상황에서 그런 사람이, 특히 큰 나라 출신이고 그 나라에서도 부유하며 명문 태생이라면, 게다가 잘생기고 키까지 훤칠하다면, 그가 무슨 짓을 할 것으로 자네는 생각하는가? 걷잡을 수 없는 희망으로 가득해서, 헬라스인들의 일만이 아니라 이방인들의 일까지도 능히 처리할 수 있게 될 것으로 믿을 것이며, 또한 이런 조건에서 자신을 한껏 높여서는, 지성은 갖추지 못한 채 잰 체하는 마음과 공허한 자만심으로 충만해 있지 않겠는가?" 내가 말했네.

"그렇고 말고요." 그가 말했네.

"바로 이런 상태에 있는 사람에게 누군가가 조용히 다가가서는 진실을 말해 주기를, 그에게는 지성이 필요한데도 그게 없고, 그걸 지니기 위해서 노예처럼 수고하지 않고서는 그걸 얻을 수 없다고 한다면, 그래, 그가 이 말을 선뜻 귀담아 들을 것으로 자네는 생각하는가? 그처럼 많은 나쁜 것을 무릅쓰고서도 말일세."

"어림없습니다." 그가 말했네.

"하지만 한 사람이라도 천성이 훌륭해서, 그리고 그런 말에는 친근한 터여서 그걸 다소 알아듣고서는 뜻을 굽혀 철학으로 이끌린다면, 그의 용도와 동지적 관계를 잃게 될 것으로 생각하는 저들이 무슨 짓을 할 것으로 생각되는가? 그들은 그가 설득당하지 않도록 하기 위해서라면 그에 대해서 무슨 짓이든, 그리고 무슨 말이든 하지 않을 것이 없을 것이며, 또한 그를 설득하는 사람에 대해서는, 그러지 못하도록 하기 위해서라면, 사적으로는 음모를 꾸미고 공적으로는 송사를 일으키겠지?" 내가 물었네.

"다분히 필연적입니다." 그가 대답했네.

"그러면, 그런 사람이 철학을 하게 되는 수가 있을까?"

"전혀 없습니다." (『국가』 494c-495a)

『국가』의 이 대목은 흔히 알키비아데스Alkibiades의 경우와 연관된다고 알려져 왔지만, 플라톤 자신의 경우에도 맞는 것 같다. 그렇다면 이 대목은 자서전적 성격의 언급인 셈이다. 나라의 중요한 임무를 떠맡기에 조금도 손색이 없는 유복한 집안의 젊은이가 있었고, 그의 친척과 친구들은 장차 그가 쥐게 될 권력을 염두에 두고 벌써부터 그에게 온갖 아첨을 다한다. 이런 그에게 어떤 철학자가 조용히 다가와서 진리를 펼쳐 보이고는 철학을 하라고 권유한다. 이때의 철학자가 바로 소크라테스를 뜻한다는 데는 의심의 여지가 없을 것이다. 이 젊은이는 생각을 전적으로 바꾸어 철학의 길로 접어든다. 그의 친척과 친구들이 이에 경악하는 것은 당연하다. 그들은 이 젊은

이의 마음을 돌려놓으려 온갖 설득을 하고, 그를 철학의 길로 불러낸 철학자를 박해하기 시작한다.

이 생생한 묘사가 플라톤 자신의 경우에 대한 것이라고 이해하는 것은 너무도 당연하지 않겠는가? 더구나 이 묘사는 플라톤이 대략 스무 살쯤 되었을 때 철학에로의 부름을 받아들인다고 하는 사실과도 잘 일치한다.

2
누가 다스려야 하는가

플라톤의 정치 철학에는 앞서 살펴본 아테네 현실 정치의 파탄과 시칠리아에서의 뼈아픈 체험이 녹아들어 있다. 당대에 명성을 떨쳤던 소피스테스인 트라시마코스Thrasymachos가 『국가』 제1권에서 다음과 같이 말하는 대목에 유의해 보자.

"참주정치는 남의 것을, 그것이 신성한 것이건 세속의 것이건

간에 또는 개인의 것이건 공공의 것이건 간에, 몰래 그리고 강제로 빼앗기를 조금씩 조금씩 하는 게 아니라, 단번에 깡그리 하죠. 이런 올바르지 못한 행위들 중의 일부를 어떤 사람이 몰래 해내지 못할 때, 그는 처벌을 받고 최대의 비난을 받습니다. 신전 절도범이나 납치범, 가택 침입 강도나 사기꾼, 또는 도둑이라 불리는 사람들은 이와 같은 못된 짓과 관련하여 부분적으로 올바르지 못한 짓을 한 사람들이기 때문입니다. 그러나 어떤 사람이 시민들의 재물에 대하여 그들 자신마저 납치하여 노예로 만들게 될 땐, 부끄러운 호칭 대신에 행복한 사람이거나 축복받은 사람이라 불리지요."(『국가』 344a-b)

트라시마코스의 주장은 요즈음 우리 사회를 떠올리게 한다. 정직하고 올바르게 사는 것이 궁극적으로는 보다 이롭다는 생각이 크게 흔들리는 세상이다. 오히려 정직하고 올바르게 살면 손해를 보기 십상이라는 생각이 널리 퍼져 있다. 올바르게 사는 것이 결국에는 행복을 가져다준다고 말하는 소크라테스에게 대드는 트라시마코스의 주장이 보다 현실에 맞지 않는가? '작은 도둑'은 비난받고 처벌되지만, 나라를 훔치는 '큰 도둑'은 구국의 결단으로 칭송받고 명예와 부를 누리는 것이 현실 아닌가? 플라톤은 트라시마코스의 입을 빌려 이런 현실 정치를 강하게 비판하고 있는 것이다.

플라톤이 비판하는 민주정은 이처럼 갈 데까지 간 타락한 민주정이다. 자유 시민으로서 제비만 잘 뽑으면 재판관도, 평의원회의 평의원도, 민회의 의원도 될 수 있었던 당시의 아테네 정치판에서는 어떻게든 다수표를 끌어내기 위해 대중을 기분 좋게 만드는 일에 혈안이 된다. 민중이 이른바 '흔들리는 군중', '동요하는 군중'이 되고 만 상황에서는 대중 선동가 demagogos가 판을 친다. 이런 상황을 『고르기아스』 편이 너무도 잘 보여 준다. 여기에서는 의사가 요리사의 고발에 의해서 아이들 앞에서 재판을 받는다. 아이들이 재판관인 법정에서 요리사는 장광설을 퍼붓는다.

"어린이 여러분! 이 사람은 여러분 자신들에 대해서도 많은 나쁜 짓들을 저질렀을뿐더러, 여러분들 중에서도 제일 어린 사람들까지도 수술을 하고 살을 지져서 망가뜨리며, 또한 쓰디쓴 약을 주며 억지로 굶기고 목마르게 함으로써 초췌하고 숨도 쉬기 어렵게 만듭니다. 나처럼 온갖 달콤한 것들을 여러분들에게 많이 먹여 준 적이 없습니다. … 어린이 여러분, 이 모든 일들을 나는 건강을 위해 했습니다." (『고르기아스』 521e-522a)

이런 상황에서 어린이 재판관들은 박수를 치며 '옳소!'를 외칠 것이 뻔하다. 소크라테스도 이런 법정에서 사형을 선고받고 죽어 갔다. 플라톤이 그렇게도 소피스테스들에 대해 적대적인 태도를 취하는 까닭이 여기에 있다. 예외 없이 비非아테네인들인 그들은 아테네의 운명이 어찌 되든 상관없이 타락한 고대 민주주의 체제 아래에서 청년들이 필요로 하는 웅변술, 변론술, 수사술, 설득술, 쟁론술을 가르치고 보수를 받았다. 진리는 다수결이 아니다. 아무리 어린이들이 싫어하더라도 의사는 반드시 필요하다. '민의民意'가 어떻고 '국민 정서'가 어떻다는 말들을 많이 하는데, 중요한 것은 그 민중이 성숙한가에 있지 않겠는가? 머릿수로 밀어붙일 일이 아니다.

이런 체험 속에서 플라톤이 내놓은 것이 '철인 치자론'이다. "정의는 오로지 진정한 철학자가 정치를 하거나 정치하는 사람들이 진정한 철학자가 될 때에만 실현될 수 있다." 달리 말하면 정치를 맡는 인간에게 있어서 지성과 권력이 조화되어야 한다는 것이다. 우리가 지금까지 살펴본 배경을 제쳐 두고 플라톤을 반민주적 인사로, 그의 '철인 치자론'을 철학자의 오만으로 치부하는 것은 오해일 뿐이다. '철인 치자론'은 철학자들의 예쁘게 포장된 밥그릇 주장이 아니다. 플라톤이 2,400년 전 아테네의 현실 정치에서 느꼈던 환멸을 우리는 오늘날에도 느끼고 있다. 정치하는 사람들에 대한 불신은 거의 세계적인 현상인 것으로 보인다. 독일 사람들도 정치를 곧잘 '돼지 같은 짓Schweinerei'으로 표현한다. 플라톤도 '돼지들의 나라hyon polis'라는 표현을 쓰고 있다. 특히 한국 사람들은 정치판의 진흙탕 싸움을 신물 나게 보아 왔고, 지금도 넌덜머리 나기로는 조금도 나아진 것 같지 않다.

플라톤이 '철인 치자론'에서 직업의 의미로서의 철학자 집단을 뜻하는 것은 아니라는 것이 분명하다. 철학자가 정권을 잡아야 한다는 것도 아니요, 심지어 철학 교수가 정치를 해야 한다는 것은 더더욱 아니다. 잘 알려져 있듯이 우리가 오늘날 '철학'으로 옮기는 희랍어 '필로소피아philosophia'는 그 단어의 본래적인 의미에서 보자면 '지혜를 사랑하는 일'이요, 마찬가지로 '철인 치자론'에서의 '철인philosophos'이란 '지혜를 사랑하는 사람', '참으로 지혜를 추구하는 사람'을 뜻한다. 정치꾼이 아니라 참으로 지혜를 사랑하는 사람이 정치를 맡아야만 정의가 구현될 수 있다는 주장은 오늘날에도 유효하다.

그런데 플라톤은 대다수의 사람들은 좀처럼 철학하려 들지 않는다고, 참으로 지혜를 사랑하려 들지 않는다고 한다. 철학은 오랜 세월에 걸친 고통스러운 작업을 요구한다. '배움mathein'은 '고통pathein'을 수반하는 법이다. 진정으로 가치 있는 것치고 수월하게 배워지는 것이 있던가? 쉽게 배울 수 있는 것이란 두말할 나위 없이 그리 중요할 것이 없는 것이다. 이런 고통스러운 작업을 누군들 기꺼이 받아들이겠는가? 그래서 플라톤에 있어서 '다수의 사람들hoi polloi'이라는 표현은 예외 없이 부정적인 관점에서 사용된다. 민주정과 과두정이 엎치락뒤치락하는 아테네 현실에 대한 그의 체험이 그로 하여금 참으로 탁월한 '소수의 사람들hoi oligoi'에 의한 통치를 제안하게 한다. 이것이 '아리스토크라티아aristokratia'이다. 그런데 이 표현이 또 플라톤을 오해하게 만드는 계기로 작용하기도 한다. 이 표현의 영역이 'aristocracy'이고, 이 말은 '귀족정치'를 의미한다. 그것 봐라! 플라톤은 애당초 엄청난 귀족이 아니었 던가? 팔이 안으로 굽지, 바깥으로 굽는가?

그런 게 아니다. '아리스토크라티아aristokratia'라는 표현은 'aristos'와 'kratia'가 합성된 것인데, 'democracy'의 어원이 되 는 '데모크라티아demokratia'가 '민중'을 뜻하는 'demos'와 '지배' 를 의미하는 'kratia'로 합성된 것과 같은 이치이다. 문제는 'aristos'를 번역하는 데에 있다. 'aristos'는 '좋다' 혹은 '훌륭하 다'라는 뜻인 'agathos'의 최상급이다. 따라서 '가장 좋다'라거 나 '가장 훌륭하다'라는 뜻이다. 그렇다면 '아리스토크라티아' 는 '가장 훌륭한 자에 의한 지배', 즉 '최선자 정치最善者政治'를 의미한다. '귀족정치'와는 거리가 있다. 플라톤은 탁월한 소수 가 나라를 다스려야 한다고 보았고, 이는 그의 '철인 치자론'과 같은 궤에 있는 생각이다. 수준 미달, 함량 미달인 자를 통치 자로 선택하는 백성은 고생을 각오해야 한다.

플라톤의 나라에서는 다스리는 일을 맡게 될 이들에 대해서 는 사유 재산을 허용하지 않고 오로지 수고에 대한 보상만을 줄 뿐이며, 아내와 자식까지도 공유하도록 되어 있다. 또 엄 격한 교육 과정을 이수해야 하고, 두 차례에 걸친 선발 시험을 통해 그 자질을 검증받아야 하며, 그것도 모자라 공동생활을 하도록 강요된다. 그런 까닭에 이 나라에서는 나라를 다스리는 일을 서로 마다한다는 것이다.

3
바람직한 공동체의 교육 프로그램

『국가』는 모두 열 권으로 이루어진 방대한 저술이다. 여기에는 존재론, 형이상학, 인식 이론, 윤리학, 정치 이론, 교육 이론, 예술 이론 등이 망라되어 있다. 그 가운데 특히 제6권과 제7권에서 철인 치자를 위한 교육 과정이 자세하게 다루어진다. 플라톤에 있어서 바람직한 공동체를 건설하는 문제는 교육의 문제와 연결되어 있다. 왜냐하면 그는 정치 문제의 핵심이 장래의 통치자와 시민들로 하여금 폴리스의 일원으로서 제대로 기능하게끔 교육하는 일에 있다고 믿기 때문이다. 그래서 플라톤은 대표적으로 『프로타고라스』, 『메논』, 『국가』,

『법률』 등에서 반복적으로 교육의 중요성을 강조한다. 『국가』를 교육을 둘러싼 논의로 볼 수도 있다는 견해가 바로 이 점에서 설득력을 얻는다.

교육의 첫 단계는 시가詩歌, mousike와 체육gymnastike이다. 시가는 혼을 위한 것이요, 체육은 몸을 위한 것으로서 이 두 가지가 함께 어우러져서 인간을 건전한 시민으로 성장하게 하는 기초 교육이 된다. 그런데 플라톤에 의하면 체육보다는 시가 교육이 먼저 시작된다고 한다. 시가 교육의 첫 단계에서 어린이들은 부인네들이 들려주는 이야기를 듣게 된다. 시가에는 이야기logos들도 포함되고, 이 이야기들은 다시금 사실적인 것과 허구적인 것으로 나뉘는데, 어린이들은 먼저 허구적인 이야기, 곧 부인네들이 들려주는 설화說話, mythos를 듣게 된다는 것이다.

"어린이들에게 처음엔 우리가 설화를 이야기해 준다는 사실을 자넨 모르고 있는가? 설화는 대체적으로 말해서 허구이겠지만 사실적인 것들도 어느 정도는 포함되어 있다네. … 그러니 우리로선 무엇보다도 먼저 설화 작가들을 감독해야만 하겠거니와,

그들이 짓는 것이 훌륭한 것이면 받아들이되, 그렇지 못한 것이면 거절해야만 될 것 같으이. 그러나 일단 우리가 받아들이게 된 것들을 보모들과 어머니들로 하여금 어린이들에게 이야기해 주어, 그들의 손으로 어린이들의 몸을 가꾸어 주는 것 이상으로, 그들이 설화로써 어린이들의 혼을 형성해 주도록 설득할 걸세." (『국가』 377a-c)

여기에서 '혼의 형성plattein tas psychas'이라는 표현에 주목해야 한다. 이 단계에서의 교육의 목표는 몸가짐과 마음가짐을 건강하게 갖도록 습성화하는 일이다. 플라톤은 인격이 후천적으로 형성된다고 본다. 보다 구체적으로 말하면 반복되는 몸가짐이나 마음가짐으로 굳어진 상태hexis에서 습관 혹은 버릇ethos이 생겨나고, 이 습관 혹은 버릇이 장차 인격, 성격 혹은 성품ethos으로 이어진다고 보는 것이다. 또 교육이 혼의 형성이라는 점에서 조기 교육의 중요성이 강조된다. 플라톤은 모든 일에 있어서 그 시작이 중요하며 어리고 연약한 것에 있어서는 특히 그렇다고 한다. 왜냐하면 이때야말로 가장 유연성이 있어서 누군가가 새겨 주고 싶은 인상이 가장 잘 받아들여지기 때문이다.

시가 교육에서는 시인들의 작품들, 특히 호메로스의 작품들이 중심적인 역할을 한다. 수많은 호메로스의 시구와 그 밖에도 다른 시인들의 시구를 인용하고 있는 것으로 보아 플라톤은 시인들의 작품에 매우 친숙했으며, 그 당시에는 당연히 그랬듯이 이 작품들을 암송했던 것으로 보인다. 플라톤은 『국가』에서 호메로스에 대한 애정이 어렸을 적부터 있었노라고 분명히 강조한다. "털어놔야만 하겠는데 어려서부터 나를 사로잡고 있는 호메로스에 대한 사랑과 숭배가 말하는 걸 가로막고 있네"(『국가』 595b). 시가 교육은 17 내지 18세에 이르기까지 계속된다. 또 같은 시기에 뒤에서 다루어질 예비 교육의 교과들도 교육되는데, 강제로가 아니라 놀이 삼아 배우게 한다.

시가 교육에 이어서 논의되는 체육도 결국은 시가와 마찬가지로 몸을 위한 것이 아니라 혼을 위한 것임이 밝혀진다. 체육은 슬그머니 군사 훈련에로 이행한다. "그런데 우리는 젊은 이들을 시가 다음으로는 체육을 통해 교육해야만 하네. … 그러니 우리의 병사들에게는 무언가 더욱 정교한 훈련이 필요한데, 그것은 정말이지 사냥개처럼 잠자지 않고 깨어 있어야만 하기 때문일세"(『국가』 403c-404a). 17 내지 18세에서 20세에 이르는 시기에는 전적으로 체육에만 종사한다. 아마도 이 기간은 군복무와 겹치는 것으로 짐작된다.

플라톤은 교육이 절름발이를 만들어서는 안 된다는 점을 강조한다. 절름발이란 신체의 단련은 좋아하면서 지적 노고는 마다하는 경우나 이와 반대되는 경우를 말한다. 시가 교육과 체육은 혼의 지혜를 사랑하는 면과 격정적인 면, 온순함과 사나움, 부드러움과 거칢이 조화를 이루는 것을 목표로 삼아야 한다. 시가 교육만 받은 사람은 정도 이상으로 유약해지고 체육만 해 온 사람은 필요 이상으로 사나워진다. 절름발이를 만들지 않는 시가 교육과 체육의 조화는 오늘날의 전인 교육과 같다고 하겠다.

대략 20세 무렵에 1차 선발 과정이 있어서 장차 통치자가 될 부류와 수호자가 될 부류가 갈라진다. 통치자가 될 부류에게는 향후 10년간 변증술을 위한 예비 교육propaideia이 실시되는데, 이때의 교과목은 수론數論, arithmetike, 평면 기하학geometria, 입체 기하학stereometria, 천문학astronomia, 화성학harmonikos이다. 예비 교육 전체에 걸쳐서 교육의 역할은 '혼의 방향 전환 psyches periagoge'으로 규정된다. 'periagoge'(페리아고게)는 『국가』 525c에서는 메타스트로페metastrophe로, 521c에서는 페리스트로페peristrophe로 표현된다. 이 세 가지 개념은 의미의 차이 없이 교체적으로 쓰였다고 보아야 할 것이다. 그렇다면 무엇에서 무엇에로의 방향 전환인가? 혼이 '생성genesis'에서 '존재ousia'(혹은 '본질', '실재')로 향하게 하는 전환이다.

이 전환은 구체적으로 말하면 '감각aisthesis'으로부터 '지적 직관noesis'으로의 전환이요, 우리가 아래로 향해 갖고 있는 철학적 사고를 위로 향하게 하는 것이요, 밤과도 같은 어둠에서 낮의 광명에로의 이행이다. 동굴의 비유에서 어두운 동굴 안으로부터 찬란한 태양이 빛나는 동굴 밖으로의 상승도 이러한 혼의 전환을 표현한다고 볼 수 있다. 결국 혼의 전환을 통해서 우리의 혼은 진리에로 이끌린다. 더 나아가 혼의 전환은 플라톤 철학 전체에 걸쳐서 중요한 개념 가운데 하나인 '혼의 순수화'와 동일시된다. 이렇게 볼 때 혼의 전환은 직접적으로는 예비 교육의 단계에서 비롯되지만 그 성격상 플라톤 교육론의 핵심으로서 교육의 전 과정에 적용된다고 하겠다.

존재의 세계와 생성의 세계를 구별하는 것은 피타고라스학파에서 이미 그 싹을 찾아볼 수 있다. 잘 알려져 있는 대로 중세의 'quadrivium'은 피타고라스학파가 중시했던 네 교과와 연관된다. 플라톤은 기하학을 『국가』에서 평면 기하학과 입체 기하학으로 나누기에 예비 교육의 교과는 도합 다섯이 된다. 이 다섯 교과를 차례로 살펴보자.

맨 처음의 교과로 수론이 소개된다. 『국가』 525a에서 계산술logistike과 수론이 나란히 제시된다. 수론은 모든 기술과 지식이 이용하는 공통의 것이자 모든 이가 맨 먼저 배워야 할 교과이다. 우리는 이 수론을 무역상이나 소매상들이 사고파는 것과 같은 실용적 목적에서 배우는 것이 아니라 오로지 사고로만 수의 본성을 이해하기 위해 배운다. 감각을 통해서 하나로 보이는 것이 다른 관점에서는 여럿으로 보이기도 한다. 감각에서는 둘이 하나로 보이는 수도 있고, 하나가 둘로 보이는 수도 있다. 이런 혼란에 당혹해 하면서 사고 작용을 가동시켜 하나 자체를 묻게 되면 실재에 대한 고찰로 방향을 바꾼 셈이 된다. 산술은 감각에 의해서 파악되는 수가 아니라 수 그 자체를 고찰한다. 눈에 보이거나 만져지는 단위로서의 수는 나뉘기 때문에 하나이기도 하고 여럿이기도 하지만, 수 그 자체는 나뉘지 않는다. 눈에 보이거나 만져지는 수들은 서로서로 반드시 같은 것은 아니지만, 수론이 다루는 수는 모두 동일하다. 수론이 다루는 수는 감각에 의해서는 파악되지 않고 오로지 사고에 의해서만 포착된다.

다음으로 평면 기하학이 훌륭한 사람들이 배워야 할 교과로 지목된다. 플라톤이 기하학을 중시했다는 것은 아카데미아 입구에 "기하학을 모르는 자, 이 문을 들어서지 말라"라는 글귀가 쓰여 있었다고 전해지는 데에서 잘 확인된다. 기하학 역시 실용적 목적에서 탐구되는 것이 아니다. 군대의 야영, 진군進軍에 있어서의 대형 등을 위해서는 약간의 기하학적 지식으로도 충분하다. 기하학을 깊이 있게 배워야 하는 이유는 이 교과가 '좋음의 이데아'를 더 쉽게 보도록 만드는 데에 기여하기 때문이다. 기하학을 하는 사람들이 '정방형을 만든다', '작도한다', '합한다'고 말하지만 정작 이 교과는 존재를 고찰하지, 생성을 고찰하지는 않는다. 다시 말해 이 교과가 다루는 것은 '영원한 실재to aei on'이지, 생성하고 소멸하는 것이 아니다. 따라서 기하학은 우리가 아래로 향해 갖고 있는 철학적 사고를 위쪽으로 향하도록 함으로써 우리의 혼을 진리에로 이끈다.

평면 기하학에 이어서 천문학을 다루려던 플라톤은 평면으로부터 회전 운동을 하는 입체인 천체로 곧장 건너가기보다는 둘 사이에 있는 삼차원trite auxe의 것, 곧 길이와 폭 및 깊이를 지닌 입체 일반을 고찰하는 교과인 입체 기하학을 검토한다. 이 교과는 그 당시까지는 확립되지 않았는데, 그 까닭은 첫째로 어떤 나라도 이 교과를 중히 여기지 않기 때문이요, 둘째로 이 교과를 탐구하는 자들에게는 감독자epistates가 필요하기 때문이라고 한다. 그렇지만 온 나라가 함께 감독하고 이 교과를 존중하면 이 교과는 그 매력charis 때문에 진전을 보게 될 것이라고도 한다. 훗날 입체 기하학의 명칭이 되는 스테레오메트리아stereometria라는 표현은 『국가』에서는 나타나지 않는다. 입체를 두 배로 만드는 문제는 훨씬 뒤의 시기에까지도 해결되지 않고 있었다. 'stereometria'라는 표현은 『에피노미스』 990d에 처음으로 등장한다. 『국가』에서는 예비 교육의 단계에서 입체 기하학도 장차 교과로 인정되어야 한다는 주장에 그치고 있다.

다음으로 천문학이 검토된다. 이 교과는 농사, 항해, 전략과 같은 목적에서 탐구되는 것도 아니요 우리의 눈을 위를 향하게 할 요량으로 배우는 것도 아니다. 천문학이 탐구하는 것은 실재하는 빠름과 실재하는 느림이 이 참된 수와 참된 도형에 있어서 상호 간의 관계 속에서 움직이는 운동이다. 이것은 육안으로는 파악되지 않고 오직 우리의 이성과 사고에 의해서만 포착된다. 육안으로 보이는 천체들의 운동은 대단히 복잡하고 불규칙적인 것으로 보인다. 그러나 이성과 사고로만 파악되는 실재하는 빠름과 실재하는 느림이 빚어내는 낮에 대한 밤의 비율, 해[年]에 대한 달의 비율, 별들 상호 간의 비율 등은 언제나 한결같은 상태를 유지한다.

끝으로 예비 교육 단계의 마지막 교과이자 피타고라스학파에 의해서 천문학과 자매 관계에 있는 교과로 간주된 화성학이 검토된다. 앞서 천문학이 눈이 아니라 이성과 사고에 의해서 파악되었듯이, 화성학은 귀가 아니라 지성nous에 의해서 포착되는 교과이다. 피타고라스학파의 사람들이 하듯 현악기의 현의 길이를 잰다거나 음을 듣는다고 귀를 들이대는 것은 모두 지성보다 귀를 앞세우는 것이다. 들려오는 협화음들에 있는 수를 찾는 화성학자들은 육안으로 보이는 천체를 탐구하는 천문학자들과 같다. 진정한 화성학은 어떤 수들이 협화음이고 어떤 것들이 아닌지를, 그리고 무엇 때문에 각각의 경우가 그러한지를 고찰한다. 그런데 이런 점들은 수 자체의 본성에 기인하는 것이요 지성에 의해서만 파악된다.

이상과 같은 다섯 교과는 예비 교육을 이루는 것으로서 노래로 치면 서곡에 해당한다. 노래의 본악곡은 참된 철학을 위한 교과인 변증술dialektike이다. 그러니까 10년에 걸친 예비 교육에 이어서 5년간 본래적인 철학 교육이 시행되는 셈이다.

"이 기간이 지나고, 스무 살이 된 자들 가운데에서 남들에 앞서 선발된 자들이 남들보다도 더 큰 영예를 누리게 될 것이며, 또한 이 아이들이 순서 없이 교육받게 된 교과들을 결집해서, 이들 교과 상호 간의 친근성 및 실재의 본성에 대한 포괄적 이해synopsis를 갖도록 해야만 되네."

"어쨌든 이런 배움만이 이를 얻게 된 사람들에게 있어서 확고한 것입니다."

"또한 그것은 변증술적 자질인지 아닌지에 대한 최대의 시험이 되기도 한다네. 포괄적으로 보는 사람은 변증술에 능한 자이지만, 그러지 못하는 사람은 그런 이가 아니기 때문일세."

"저도 같은 생각입니다."

"그러므로 자네는 이것들에 유의하면서, 이들 가운데에서 가장 그런 자질을 많이 보이며 공부에 있어서도 확고하고 전쟁이나 그 밖의 다른 법적인 의무들에 있어서도 확고한 그런 사람들을, 그들이 서른 살을 넘어설 때, 선발되었던 자들 중에서 다시 선발해서는 한결 더 큰 영예를 누리게 하고서 또한 관찰도 해야만 하네. 변증술적 논변의 힘에 의해 시험을 함으로써, 이들 가운데에서 누가 눈이나 그 밖의 다른 감각의 이용을 포기하고서 '실재 자체'로 진리와 더불어 나아가는지를 말일세." (『국가』 537b-d)

변증술은 합리적 설명을 주고받는didonai kai dechesthai logon 기술로 규정된다. 기하학이나 그 밖의 다른 교과들도 부분적으로는 실재를 파악하지만, 꿈속에서 그렇게 하는 셈이라고 한다. 이 교과들은 가정hypothesis들을 사용하면서 이 가정들을 그대로 둔 채 이것들에 대한 합리적인 설명을 해 주지 못한다. 우리가 알지 못하는 것을 출발점으로 삼고 그 결론과 중간항

들도 알지 못하는 것으로 짜여져 있는 경우symploke에는 궁극적인 물음을 제기하지 못하는 일치homologia에 불과하며 참된 의미의 지식episteme이 될 수 없다.

결국 변증술 이외의 교과들이 갖는 결함은 합리적으로 설명할 수 없는 가정들에 의존한다는 것이요, 바로 이런 까닭에 이 교과들은 감각적인 것을 사용하지 않을 수 없다. 변증술만이 가정들을 폐기하고서 원리 자체에로 나아간다. 이 가정되지 않은 원리가 '좋음의 이데아'이다. 따라서 좋음의 이데아를 포착하는 것을 목적으로 하는 변증술은 마치 갓돌처럼 모든 교과들 위에 놓이며, 변증술에 이르러 교과들의 문제는 끝을 맺는다.

20세 무렵 1차 선발 과정을 거쳐 10년간 예비 교육이 이루어지고, 30세 무렵 2차 선발 과정을 거쳐 5년간 변증술 교육이 이루어진다. 결국 35세 무렵에 이르러서야 철학 교육이 끝난다. 플라톤은 그러고도 15년에 걸친 실무 경험을 요구한다. 나이 50이 넘어서야 '좋음의 이데아'가 무엇인지 깨달을 수 있고, '좋음의 이데아'를 깨달은 자가 정치를 맡아야 한다는 것이다. 공자도 50의 나이를 지천명知天命이라 하지 않았던가? 이렇게 볼 때 플라톤은 평생 교육의 창시자라 할 만하다.

4
플라톤의 나라와 대동사회

인간은 보다 나은 현실을 만들기 위해서 부단히 노력해 왔다. 바람직한 사회에 대한 이상이 없이 현실의 개조나 개혁은 이루어지지 않는다. 그래서 동서양을 막론하고 이상사회에 대한 다양한 모델들이 제시되었다. 서양에서는 플라톤의 『국가』, 토머스 모어의 『유토피아』, 캄파넬라의 『태양의 나라』, 베이컨의 『새로운 아틀란티스』 등과 같은 저서들이 이상향을 구체적으로 그려 보이고 있고, 동양에서도 『예기禮記』「예운禮運」 편에 나오는 '대동과 소강', 이를 부분적으로 계승하는 캉유웨이康有爲의 『대동서』, '무릉도원'이라는 개념, 『홍길동전』에 보이는 율도국 이야기 등이 이상사회론을 담고 있다고 볼 수 있다. 서양의 경우를 보면, 르네상스 시대와 근대 초에 걸쳐 이상사회론을 개진한 모어나 캄파넬라 그리고 베이컨은 모두 플라톤의 영향을 강하게 받았다. 이상사회를 가리키는 유토피아utopia라는 단어는 플라톤이 '그 어디에도 없는 곳ou+topos'이라는 의미로 쓰기 시작한 것이다. 플라톤은 서양 이상사회론의 선구이기도 하다. 서양의 플라톤의 나라와 동양의 대동사회大同社會는 사실상 그 기본 성격에 있어서 대단히 닮아 있다. 그 각각의 핵심적 내용을 간추려 보자.

플라톤이 『국가』에서 그려 보이는 바람직한 나라의 모습을 간추리면 다음과 같다.

"아름다운 나라kallipolis의 통치자들은 전적으로 필요한 것이 아닌 한 어떤 사유 재산도 가져서는 안 되네. 그다음으로는 누구든 원하는 자가 마음대로 출입할 수 없는 그런 집을 지녀서도 안 되네. 생활 필수품은 필요한 정도만큼만 보수로 받아야 하고, 공동 식사를 해야 하네. 무엇보다 중요한 것은 교육과 양육인데, 아내와 아이, 혼인, 출산 등을 공동의 것으로 만들어야 하네. 여자들에게도 남자들과 같은 교육을 해야만 하네. 수호자의 자질을 갖춘 여자들은 같은 부류의 남자들과 함께 살며 함께 나라를 수호하도록 선발되어야만 하네. 모든 여자는 공유하게 되어 있고, 어떤 여자도 어떤 남자와 개인적으로는 동거하지 못하게 되어 있다네. 또한 아이들도 공유하게 되어 있고, 어떤 부모도 자기 자식을 알게 되어 있지 않으며, 어떤 아이도 자기 부모를 알게 되어 있지 않다네. 동일한 일들이 생기거나 없어질 때, 모든 시민이 최대한으로 비슷하게 즐거워하거나 괴로워할 경우의 이 즐거움과 고통의 공유가 나라를 단결시키지 않겠는가?"

(『국가』 457-462 중요 부분 요약)

『예기』「예운」편이 제시하는 대동사회는 어떤 사회인가? 이 역시 간추리면 다음과 같다.

"대도大道가 행해지면 온 세상은 공공公共의 것이 된다. 지위나 문벌에 구애되지 않고 어진 이와 능한 자를 뽑아서 신의와 화목을 배우고 익히게 한다. 그래서 사람들은 단지 자신의 부모만을 부모로 모시지 않고, 자신의 자식만을 사랑하지 않고, 노인을 끝까지 모시며, 젊은이를 유용하게 쓰며, 어린이는 잘 보살펴 키우며, 홀아비, 과부, 고아, 독자 및 불구자와 병자들을 잘 돌보아 준다. 남자에게는 일자리가 있고 여자는 살림을 즐긴다. 재물을 땅에 버리는 것을 싫어하지만 반드시 숨기지 않으며, 힘을 발휘하지 않는 것을 싫어하지만 반드시 자기만을 위해서 쓰지 않는다. 그래서 음모는 일어나지 않으며 도적과 난적이 생기지 않는다. 때문에 바깥 문을 닫지 않는다. 이를 가리켜 대동大同이라고 한다."

위에 인용된 『국가』와 『예기』의 구절들이 공통적으로 치유되어야 할 것으로 보는 것은 첫째로 재산의 사유에서 비롯되는 문제, 둘째로 가족 관계로 인한 문제, 셋째로 즐거움과 고통을 나누지 못하는 점, 그리고 넷째로 통치자의 자질 문제이다. 그래서 플라톤은 통치자의 사유 재산을 금하고, 통치자에 관한 한 처자를 공유해야 한다는 극단적인 처방을 내린다. 플라톤 자신도 이런 것들을 실현 가능하다고 보지 않는다. 플라톤은 반복적으로 "이런 나라는 그 어디에도 없다"라고 한다. 다만 인간 사회의 온갖 문제들이 특히 통치자와 관련해서 어디로부터 비롯되는가를 정확히 짚어 내고 있다고 하겠다. 우리의 최근 역사를 보면 플라톤의 지적이 놀라울 따름이다. 통치자에게는 사유 재산을 허용하지 않는다면, 전직 대통령이 수천억대의 비자금을 조성하고 감옥에 갔겠는가? 통치자에 대해서는 내 아들, 남의 아들이나 내 형제, 남의 형제가 허용되지 않는다면, 소통령이니 황태자니 하는 표현이 난무하고 친인척 비리로 날밤을 세웠겠는가?

그렇다면 플라톤이 꿈꾸는 바람직한 나라가 지향하는 바는 무엇인가? 그것은 시민 전체가 즐거움과 고통을 공유하는 '하나의 나라mia polis'이다. 이는 동양에서 말하는 '크게 하나 되는 사회', 곧 대동사회와 다르지 않다. 플라톤은 '하나의 나라'에 대해 이런 비유를 든다. 누군가가 손가락 하나를 다쳤을 때, 우리의 몸은 전체적으로 잘 조직된 유기체인지라 그 손가락만 아픈 것이 아니라 사실상 몸 전체가 아프다. 손가락에 통증을 느끼고 있다고 말하는 것은 손가락 부분이 아파하는 것과 동시에 몸 전체가 일제히 함께 괴로워하기 때문이다. 가장 훌륭하게 다스려지는 나라는 이런 사람의 상태와 가장 가까이 있다. 우선 재산의 소유와 관련해서 '부유한 자의 나라'와 '가난한 자의 나라'가 동시에 있는 경우에는 '하나의 나라'가 아니라 '수많은 나라'이다. 그러기에 『법률』에서 플라톤은 가장 많이 가진 자가 가장 적게 가진 자보다 4배 이상의 재산을 갖도록 허용해서는 안 되고, 나머지는 국가에 헌납하게 해야 한다고 주장한다. 오늘날 고소득자에게 고율의 세금을 부과하는 누진세제와 다를 바 없다.

'바깥의 적'보다 무서운 것이 '내부의 적'이라고들 한다. 옳은 말이다. 플라톤이 주장하는 것도 이와 같다. 다른 나라와의 전쟁보다도 무서운 것이 상호 간의 불화에 의해서 공동체가 지리멸렬 상태에 빠지는 것이다. 이렇게 되면 말로만, 겉으로만 '하나의 나라'이지 사실은 '수많은 나라'인 셈이다. 한 해에 쏟아지는 음식물 쓰레기가 엄청나다고 한다. 그런데도 지구상의 상당한 수의 사람들이 영양실조 상태에 놓여 있다. 어느 시인은 시집 제목을 "너는 눈부시지만 나는 눈물겹다"라고 했다. 이래서는 안 된다. '너도 눈부시고 나도 눈부셔야' 하고, '네가 눈물겨우면 나도 눈물지을 줄 알아야' 한다. 너의 불행이 나의 행복이 되는 사회는 경쟁의 원리가 지배하는 '제로섬 게임zero-sum game'의 사회이다. 너의 불행을 나의 불행으로 느끼고, 너의 행복이 나의 행복이기도 한 사회는 연대의 원리가 지배하는 '넌-제로섬 게임non-zero-sum game'의 사회요, 이것이 바로 플라톤이 말하는 '하나의 나라'이다.

참으로 '아름다운 나라kallipolis'로서의 '플라톤의 나라Platono-polis'는 '하나의 나라mia polis'요, 이는 2,400년 전 아테네뿐만 아니라 오늘의 우리 사회에도 여전히 유효한 지향점이라고 하겠다. "사람들을 최대한으로 잘되도록 하는 것, … 이것이 정치가가 해야 할 일이다."

5

동굴의 비유와 이데아 이론

플라톤은 『국가』 제6권에서 교육의 교과 과정을 말하다가 '가장 큰 배움to megiston mathema'을 언급한다. 이 '가장 큰 배움'은 '좋음의 이데아'이다. '좋음의 이데아'를 설명하기 위해 '태양의 비유'가 등장하고, 또 '좋음의 이데아'를 인식하는 데에 이르는 여러 단계의 앎의 대상들을 구분하기 위해 '선분의 비유'가 동원된다. 이어지는 제7권에서는 '태양의 비유'와 '선분의 비유'를 종합한 입체적 설명으로서의 '동굴의 비유'가 등장한다. 그러니까 '동굴의 비유'는 앞의 두 비유를 포괄하는 종합판이라고 보면 된다. 이『국가』제6권과 제7권의 세 비유, '태양의 비유', '선분의 비유', '동굴의 비유'는 플라톤 이데아 이론의 표준적이고 대표적인 설명 방식이다. 이 가운데에 다른 두 비유를 포괄하는 '동굴의 비유'를 자세히 보자.

여기 동굴이 하나 있다. 옆으로 길게 나 있는 동굴이 아니라 아래에서 위쪽으로 비스듬히 난 동굴을 상정해야 옳을 것이다. 동굴 곳곳에는 자갈밭도 있고 가시덩굴도 있다. 이 동굴 맨 안쪽에는 죄수들이 동굴 입구를 등지고 앉아 있다. 이 죄수들은 태어나면서부터 줄곧 이렇게 앉아 있었다. 그러니까 평생에 걸쳐 동굴 밖 세상을 보지 못한 것은 말할 것도 없고, 동굴 안의 다른 곳조차 경험하지 못했다는 것이다. 이 죄수들은 손발을 결박당해서 스스로 자리를 옮길 수도 없고, 칼이라는 형벌 도구를 찬 춘향이처럼 고개마저도 돌릴 수 없으며 오로지 동굴의 막다른 벽면만을 바라보도록 되어 있다.

이 죄수들의 뒤쪽으로는 멀리 모닥불이 타오르고 있다. 또 그 불과 죄수들 사이에는 길이 하나 나 있고, 이 길을 따라, 마치 인형극을 공연하는 사람들 앞에 야트막한 휘장이 쳐 있고 이 휘장 위로 인형들을 보여 주듯, 담이 세워져 있다. 이 담을 따라 사람들이 온갖 물건들을 쳐들고 지나간다면 죄수들이 보게 되는 것을 무엇이겠는가? 경우에 따라서는 사람들이 말하는 소리나 개 짖는 소리를 내면서 지나가기도 한다. 죄수들이 보는 것이란 당연히 불로 인해 동굴 벽면에 아른아른 투영되는 그림자들이다. 죄수들로서는 이 그림자들을 사물들의 모습으로 생각할 수밖에 없을 것이다. 어린 시절 이런 놀이를 하기도 한다. 방에 조명을 모두 끈다. 양손을 맞잡아 올리고는 누군가 손전등을 비춘다. 그러면 벽면에 귀가 쫑긋한 진돗개 모습이 나타난다. 사람들은 이것이 진돗개가 아니라 어떤 녀석의 맞잡아 비틀어 올린 두 손이라는 것을 잘 안다. 그런데 여기에다 개 짖는 소리까지 흉내 내면 벽면의 진돗개 모습은 더욱 실감이 날 것이다.

만일 죄수들 가운데 한 사람이 이 결박에서 풀려나서는 몸을 돌리고 걸어가 그 모닥불을 보고, 더 나아가 동굴 밖으로 나와 태양 아래 빛나는 사물의 원래 모습을 본다고 하자. 이렇게 동굴의 바깥에서 태양 아래 빛나는 사물의 원래 모습을 보기까지 죄수는 가파른 동굴을 고통스럽게 기어 올라와야 한다. 이 과정이 진리 인식 혹은 이데아 인식이라는 상승 anabasis이다. 플라톤은 여기에서 그치지 않고 이 죄수가 다시금 동굴 안으로 기어 들어가는 장면을 설정한다. 이 죄수가 동료 죄수들에게 그들이 보고 있는 것들이 사물의 원래 모습이 아니요 실은 그림자에 불과하다고 말한들 평생 동안 한 번도 결박에서 풀려나 본 적이 없는 그들이 이 말을 믿겠는가. 또 이 죄수가 동료들의 결박을 억지로 풀어 바깥으로 데리고 나가려 한다면 그들은 이 성가신 죄수를 없애려 들지도 모른다.

우리는 이 대목에서 소크라테스의 운명을 떠올리게 된다. 소크라테스가 아테네 동료 시민들에게 "당신들이 보고 있는 것은 그림자에 불과하다. 결박을 풀고 동굴 밖으로 나가서 사물의 진짜 모습을 보라"라고 집요하게 촉구한다면, 그들은 그의 말을 믿지 않을 뿐만 아니라 경우에 따라서는 이 성가신 자를 죽이려 들 것이다. 소크라테스는 바로 이 일을 하고 죽어갔다. 이 과정이 실천이라는 하강katabasis이다.

플라톤 철학은 이처럼 동굴 안에서 밖으로 이데아 인식의 오름길anodos과 다시 밖에서 안으로 실천의 내림길katodos로 되어 있다. 이 경우 이데아는 실천의 본paradeigma이 된다. 그러기에 플라톤은 바닥에서 천장까지 쌓인 책에 파묻혀 이론을 자아내는 '안락의자의 철학자armchair-philosopher'가 아니다.[15] 진리 인식은 이어지는 바른 실천의 선행 조건이다. 이처럼 플라톤은 실천 지향적 성격이 강한 철학자이다. 그럼에도 불구하고 우리의 플라톤 이해는 진리 인식의 오름길만 강조하고 실천의 내림길은 주목하지 못하고 있다는 느낌을 지우기 어렵다.

우선 크게 두 가지, 동굴 안과 동굴 바깥의 구별이 갖는 의미가 무엇인지 살펴보자. 플라톤에 따르면 세상에는 두 가지 것들이 존재한다. 그 한 가지는 사물들 혹은 현상들인데, 이것들은 인간이 지닌 감각적 지각aisthesis이라는 능력으로만 포착된다. 감각적 지각을 오관五官, five senses이라고도 한다. 누구나 다 알고 있는 시각, 청각, 후각, 미각, 촉각이 그것이다. 사물들 혹은 현상들, 예컨대 책상들, 아름다운 것들, 삼각형들 등을 감각적 지각에 의해 포착되는 것들, '타 아이스테타ta aistheta'

---

15 E. Hamilton and H. Cairns, *Plato — The Collected Dialogues*, Princeton, 1961, Introduction, p. xiii.

라고 부른다. 다른 한 가지는 이데아들인데 이것들은 인간이 지닌 지적 직관noesis이라는 능력으로만 포착된다. 책상들, 아름다운 것들, 삼각형들에 대응해서 책상의 이데아, 아름다움의 이데아, 삼각형의 이데아가 있다. 이 이데아들을 지적 직관에 의해 포착되는 것들, '타 노에타ta noeta'라고 부른다. 그렇다면 세상에 존재하는 두 가지 것들이란 바로 '타 아이스테타'와 '타 노에타', 감각적 지각으로 포착되는 것들과 지적 직관으로 포착되는 것들, 사물들 혹은 현상들과 이데아들이다. '동굴의 비유'에서 동굴 안은 사물들 혹은 현상들의 세계요, 동굴 밖은 이데아들의 세계를 나타낸다.

사물과 이데아는 어떻게 다른가? 책상과 책상의 이데아를 통해 알아보자. 첫째로, 우선 사물은 끊임없는 생성, 소멸, 운동, 변화를 겪는다. 내 방의 이 책상은 원래 없었다. 목공소에서 뚝딱 만들어졌다. 이 '없음'으로부터 '있음'에로의 이행을 '생성'이라고 한다. 그런데 누군가 화가 난다고 내 책상에 휘발유를 끼얹고 불을 질렀다. 책상은 '있음'에서 '없음'으로 이행한다. 이를 '소멸'이라고 한다. 또 누군가 이 방의 책상을 다른 방으로 옮겨 버렸다. 이런 장소의 변화를 '운동'이라고 한다. 그래선 안 되겠지만 누군가 화가 나서 책상을 냅다 발로 차 버렸다. 책상이 부러지고 찌그러졌다. 이런 성질의 달라짐을 '변화'라고 한다. 사물의 특징은 이런 생성, 소멸, 운동, 변화를 겪는다는 것이다. 이에 반해 이데아는 생성되지도 않고, 소멸되지도 않으며, 운동하지도 않고, 변화를 겪지도 않는다. 이런 점을 가리켜 '항상 있다aei on', '영원불변하다'고 표현한다.

둘째로, 수적인 관점에서 보자면 사물은 '여럿'이고 이데아는 '하나'이다. 단 '하나'의 책상의 이데아에 대응해서 '여러' 책상들, 예컨대 목제 책상과 철제 책상, 키 낮은 책상과 키 높은 책상, 성인용 책상과 아동용 책상, 둥근 책상과 각진 책상, 내 방의 책상과 친구 집의 책상 등이 있다. '하나'의 아름다움의 이데아에 대응해서 무수히 많은 아름다운 꽃들, 아름다운 집들, 아름다운 책들, 아름다운 가구들이 있다. '하나'와 '여럿'이 대립한다.

셋째로, 사물들은 감각적 지각으로 포착되고, 이데아들은 지적 직관으로 포착된다. 이와 관련해서 흔히 사물들은 육안肉眼으로 보고 이데아들은 심안心眼으로 본다고 표현하기도 한다. 감각적 지각 다섯 가지 가운데 인식과 관련해서는 시각이 압도적으로 중요하다. 그런 점에서 '육안으로 보기'와 '심안으로 보기'를 각각 '사물들의 인식'과 '이데아들의 인식'에 대응시킬 수 있다. 이런 관점에서 보자면 플라톤의 이데아 이론은 심안을 뜨라는 일종의 '개안 수술 권고'라고 할 수 있다. 인간에게는 육안뿐만 아니라 그보다 더 고차적인 심안도 있는데, 대부분의 인간은 오로지 육안으로만 보려 하고, 육안만 있다고 생각하고, 심안으로는 보려 들지 않는다. 그렇게 해서는 이데아를 인식할 수 없다. 그리스 신화에서 테이레시아스Teiresias는 목욕하는 아테나를 훔쳐본 죄로 눈이 멀지만, 동시에 최고의 예언 능력을 갖는다. 눈이 먼 테이레시아스는 대부분의 인간이 볼 수 있는 것을 보지 못한다. 반면에 그는 대부분의 인간이 보지 못하는 것을 본다. 플라톤의 대화편들에서는 육안이 흐려져야 심안이 빛난다는 취지의 표현이 여러 번 나온다. 이데아 이론은 육안에만 매몰되지 말고 심안으로도 볼 줄 알라는 권고이기도 하다.

다시 '동굴의 비유'로 돌아가서 두 가지를 더 알아보려 한다. 그 하나는 흔히 '마테인-파테인mathein-pathein'으로 표현되는 것이다. 운韻을 맞춘 이 표현을 직역하면 "배움은 고통"이다. 사람은 평생에 걸쳐 무엇인가를 배운다. 그런데 가치 있고, 의미 있고, 중요한 것치고 쉽사리 배울 수 있는 것은 없다. 그러니까 중요하고 의미 있는 것일수록 그것을 배우는 데 고통이 따른다는 것이다. 죄수가 가파른 오르막길을 기어오르다 보면 거친 자갈밭과 가시덩굴을 지나야 한다. 무르팍과 팔꿈치가 다 까지고 몹시 아프다. 게다가 입구 가까이 오면 평생 어두운 동굴 안에 있었던 터라 눈이 부시고 그동안 희미하게나마 보이던 것도 전혀 보이지 않게 된다. 뒤를 돌아 원래 자리로 가고 싶은 생각이 들게 마련이다. 거기에선 안온한 상태로 다른 죄수들이 보는 그림자를 함께 보면 된다. 고통 없이는 배워지지 않는다. 이데아 인식은 각고의 노력 끝에 도달되는 것이다.

다른 하나는 '혼의 전환'이다. 동굴 안의 죄수가 지금까지와는 다른 방향으로 고개를 획 돌리는 것은 단순히 고개의 방향, 몸의 방향만 돌리는 것이 아니다. 고개를 돌리면(회두回頭) 몸이 돌아가고, 몸을 돌려 반대쪽을 바라보면 지향이 달라진다. 회두는 회심回心으로 이어진다. 고개를 획 돌리듯 이 회심은 어느 순간 전격적으로 일어난다. 독일어 단어 '움벤둥Umwendung'

이나 '움렌쿵Umlenkung'은 이런 전격적 회심을 잘 나타낸다. 죄수의 움벤둥은 감각적 지각의 대상이 되는 것들보다는 지적 직관의 대상이 되는 것들에 더 주목하겠다는 것, 감각적 지각이라는 능력보다는 지적 직관의 능력을 더 발휘하겠다고 마음먹는 것이다.

플라톤은 이데아 이론과 관련해서 곳곳에서 수학을 이야기한다. 그는 왜 이처럼 수학을 강조하는 것일까? 우리가 종이 위에 삼각형을 그린다고 해 보자. 아무리 정교한 자를 대고 그린다고 해도 우리는 유클리드 기하학에 입각한 삼각형 자체를 종이에 그릴 수 없다. 삼각형 자체는 우리의 머릿속에만 있다. 점도 마찬가지이다. 점은 면적을 지니지 않는데, 연필 끝을 아무리 뾰족하게 깎아서 종이 위에 점을 찍더라도 현미경을 통해서 보면 엄청난 면적을 지니지 않는가. 직선도 마찬가지이다. 어떤 제도 기구로도 유클리드 기하학 공리에 따른 직선을 종이 위에 그을 수 없다. 종이 위에 그은 직선은 감각적 지각의 대상이다.

그러나 '두 점 사이 최단 거리로서의 직선'은 감각적 지각의 대상이 아니다. 플라톤은 감각적 지각의 대상인 것과 지적 직관의 대상인 것을 엄격히 구분하는데, 이 두 부류 사이에 '수'라든가 '도형'과 같은 수학적인 것을 위치시킨다. 감각의 대상에만 매여 있지 말고 지적 직관의 대상을 볼 줄 알아야 한다는 것이 플라톤의 기본 주장인데, 이러한 지적 직관의 대상을 인식하기 위해서는 그 전 단계인 수학적인 것을 통한 훈련이 필요하다. 아카데미아의 현관에 걸려 있었다고 전해지는 "기하학을 모르는 자, 이 문을 들어서지 말라"라는 경고는 감각의 대상인 것에만 매여 있는 자는 아카데미아에 입문할 자격이 없다는 의미일 것이다.

6
에르의 열이틀 저승 여행

플라톤의 『국가』 제10권은 내용상 거의 반분되어 있다. 전반부는 시詩에 대한 논의이고, 후반부에서는 올바른 삶에 대한 보상이 다루어진다. 이 후반부 논의에서 '에르 신화'가 등장한다. 에르Er라는 이름은 「창세기」 38장 3-8절 및 「누가복음」 3장 28절에도 나오는 이름인데, 이 신화는 플라톤이 죽음과 사후 세계를 이야기하기 위해 꾸며 낸 것으로 추정된다(『국가』 614b-621b).

팜필리아Pamphylia 종족 아르메니오스Armenios의 아들 에르는 용감한 남자인데 언젠가 전투에서 죽었다. 죽은 지 열흘이 지나 이미 썩어 가고 있던 다른 시체들과는 달리 온전한 상태로 수습되어 장례를 치르기 위해 집으로 옮겨졌다. 죽은 지 열이틀째 되는 날 장례를 치를 예정이었는데, 그가 화장하기 위한 장작더미 위에서 되살아났다. 그는 사람들에게 저승에서 본 것들에 대해 말해 주었다.

에르의 혼이 육신을 벗어난 뒤에 다른 많은 혼과 함께 여행을 한다. 혼들은 어떤 신비스러운 곳에 이르게 되었다. 이곳에는 땅 쪽으로 두 개의 넓은 구멍이 나란히 나 있었고, 하늘 쪽으로도 다른 두 개의 넓은 구멍이 나 있었다. 그런데 이 신비스러운 곳에 심판자들이 앉아 심판을 하고서 올바른 자들에게는 심판받은 내용의 표지를 앞에 두르게 하여 오른쪽의 하늘로 난 구멍을 통해 윗길로 가도록 지시했다. 반면에 올바르지 못한 자들에게는 그들 행적의 표지를 등에 달고 왼쪽의 아랫길로 가도록 지시했다고 한다. 에르가 심판자들에게 나아갔을 때, 그들은 그가 그곳의 일들을 사람들에게 알려 주는 자가 되어야 한다면서 그곳에서 벌어지는 일들을 모두 보고 듣도록 지시했다고 한다. 그래서 그는 혼들이 심판을 받고 하늘과 땅의 각 구멍을 따라 떠나는 것을 보았다. 그런데 또 다른 두 구멍이 있어서 한쪽으로는 땅 쪽에서 오물과 먼지를 뒤집어쓴 혼들이 도착하고, 다른 쪽으로는 다른 순수한 혼들이 하늘 쪽에서 내려오더라고 한다.

이 도착하는 혼들은 오랜 여행을 하고 온 것으로 보였으며, 마치 축제에 참가하듯 반갑게 초원으로 가서 야영을 하게 된다고 한다. 혼들끼리는 반기는 인사를 하였고, 땅 쪽에서 온 혼들은 다른 쪽에서 온 혼들한테 그곳의 일들을 묻고, 하늘 쪽에서 온 혼들은 다른 쪽에 그곳의 일들을 물었다고 한다. 땅 쪽에서 온 혼들은 지하의 여행에서 얼마나 많은 일들을 겪었는지를 비탄과 통탄을 하면서 이야기했고, 하늘 쪽에서 온 혼들은 자신들이 잘 지낸 일과 아름다운 구경거리들을 이야기했다고 한다.

그런데 이 여행은 1,000년이 걸린다고 한다. 사람들은 언젠가 누구한테건 올바르지 못한 짓을 한 만큼의 벌을 받는데, 각각에 대해 열 배로 받는다고 한다. 그러니까 인간의 수명을 100년으로 쳐서 올바르지 못한 일을 저지른 사람은 1,000년에 걸쳐 벌을 받는다는 것이다. 다른 사람의 죽음에 대해 책임이 있다면 그 열 배의 고통을 받을 것이요, 선행을 했다면 같은 식으로 그 특혜를 받게 될 것이라고 한다. 이를테면 아르디아이오스Ardiaios라는 참주僭主의 경우, 1,000년 전에 참주가 되어 연로한 아버지와 형을 죽였을 뿐만 아니라 많은 불경한 짓들을 저질렀는데, 아직 이 신비로운 초원으로 오지 않았지만 앞으로도 결코 오지 않을 것이라고 한다. 아르디아이오스와 같은 참주들이 다른 혼들과 함께 막 위로 오르려고 입구에 다가서면 이 입구를 지키는 사납고 불같은 자들이 큰소리를 내지르며 이들의 팔다리와 머리를 한데 묶어서는 아래로 내던져 살갗이 벗겨지도록 두들겨 주고 가시덤불 같은 고문 기구로 문질러 놓는다고 한다. 이들은 지나가는 이들에게 그 연유를 알려 주며 그들이 타르타로스Tartaros에 떨어지게 될 것이라고 말했다고 한다. 다른 혼들은 자신들도 큰소리로 혼나지 않을까 조마조마해하다가 무사히 위로 오를 수 있게 되면 크게 반가워했다고 한다.

7일째 되는 날 일행은 초원을 떠나 다시 여행을 시작하는데 그로부터 나흘 만에, 그러니까 길 떠난 지 열하루째 되는 날에는 천구와 지구를 관통해서 기둥처럼 뻗쳐 있는 곧은 빛을 위에서 내려다볼 수 있게 되었다고 한다. 아낭케Ananke 여신의 방추紡錘, atraktos, spindle 등 천문학적 설명이 이어지는데, 연구자들은 이를 상징적 의미로 받아들인다. 방추는 아낭케의 무릎에서 돌고 있었으며, 아낭케의 딸들인 운명의 여신들Moirai이 소복을 입고 머리에는 화관을 두르고 빙 둘러 일정한 간격을 두고 옥좌에 앉아 있다고 한다. 이 운명의 세 여신이 세이렌들의 화음에 맞추어 노래를 부르는데, 라케시스Lachesis는 과거의 일들ta gegonota을, 클로토Klotho는 현재의 일들ta onta을, 아트로포스Atropos는 미래의 일들ta mellonta을 노래한다고 한다.

혼들이 거기에 도착하면 라케시스에게로 나아가야만 했는데, 한 대변자가 그들을 정렬시키고는 라케시스의 무릎에서 제비와 삶의 표본들을 집어 들고서는 높은 단 위에 올라 말했다고 한다.

"이는 아낭케의 따님이며 처녀이신 라케시스의 말씀이다. 하루 살이인 혼들이여, 이것은 죽기 마련인 종족의 죽음을 가져다주는 또 다른 주기의 시작이다. 다이몬daimon이 그대들을 제비로 뽑는 게 아니라 그대들이 다이몬을 선택하리라. 첫 번째 제비를 뽑는 자는 자신이 반드시 함께할 삶을 맨 먼저 선택하게 되리라. 훌륭함德, arete은 그 주인이 없어서, 저마다 그것을 귀히 여기는가 아니면 대수롭지 않게 여기는가에 따라, 그것을 더 갖게 되거나 덜 갖게 되리라. 그 탓은 선택한 자의 것이지, 신을 탓할 일이 아니니라."

이런 말을 하고서 그가 모두를 향해 제비들을 던져 주었는데, 에르를 제외하고는 저마다 자기 옆에 떨어진 것을 집어 들었다고 한다. 제비를 집어 든 자에게는 자신이 몇 번째 것을 뽑게 되었는지가 분명했다고 한다. 그다음으로는 삶의 표본들이 그들 앞 땅바닥에 놓였는데, 그 수는 그 자리에 있는 혼들보다 훨씬 많았다고 한다. 게다가 모든 동물의 삶과 모든 인간의 삶이 있어서 종류도 가지가지였다고 한다. 참주 신분도 있고, 어떤 것들은 일생 동안 지속되는 것들인 반면, 어떤 것들은 중도에 몰락하여 가난과 망명 그리고 구걸 신세로 끝나는 것들이라고 한다. 준수함, 건강 또는 운동으로 저명한 자들의 삶도 있고, 가문과 조상들의 훌륭함으로 인해 저명한 삶도 있는가 하면, 불명예스러운 자들의 삶도 있고, 여인들의 삶도 있었다고 한다. 그 대변자는 이렇게 말했다고 한다.

"마지막으로 오는 자에게도, 만약에 그가 이성적으로 선택하여 진지하게 사는 자라면, 만족할 만한 삶이 있느니라. 맨 먼저 선택하는 자는 경솔히 하는 일이 없도록 할 것이며, 마지막에 선택하는 자도 낙담하지 말지어다."

대변자의 말이 끝나고 첫 번째 제비를 뽑은 자는 무분별과 탐욕으로 인해 모든 것을 충분히 살피지 않고 참주 신분을 선택했는데, 이 선택은 제 자식들을 먹게 되는 운명과 그 밖의 나쁜 일들을 겪게 되는 운명이 포함되어 있음을 주목하지 못한 결과였다. 시간이 지나자 제 가슴을 치며 자신의 선택을 통탄한 이 자는 하늘 쪽에서 온 자들 가운데 하나였다고 한다. 이 자는 전생에 질서 정연한 정치 체제에서 살았으며 지혜에 대한 사랑 없이 습관에 의해 훌륭함에 관여했다고 한다. 이런 처지에 빠지는 자들 중 적지 않은 수가 하늘 쪽에서 온 자들인데, 그것은 힘든 일로 단련받은 적이 없었던 탓이라고 한다.

반면에 땅 쪽에서 온 자들 중에서 다수는 자신들도 고생했지만 남들이 고생하는 것도 목격했기 때문에 대뜸 선택을 하지는 않았다고 한다. 이 때문에, 그리고 제비뽑기의 운수 때문에 대다수의 혼에게는 나쁜 일들과 좋은 일들의 역전이 일어났다고 한다. 만약 어떤 이가 이승에 살면서 언제나 지혜를 사랑하고(철학하고) 선택의 제비가 마지막 차례에 떨어지지만 않는다면, 이승에서도 행복할 뿐만 아니라 저승으로 가는 길도, 그리고 다시 이리로 돌아오는 길도 땅 쪽에서 오는 거친 길이 아니라 하늘 쪽에서 오는 부드러운 길을 따라서 올 것이라고 한다.

에르가 전하기로는 각각의 혼이 자신의 삶을 어떻게 선택하는지는 볼 만한 구경거리였다고 한다. 보기에 딱하기도 하고 우습기도 하고 놀랍기도 했는데, 대개는 전생의 습관을 따라 선택하더라고 한다. 이를테면 이전에 오르페우스의 것이었던 혼이 백조의 삶을 선택하는 것을 보았는데, 이는 여인들로 인한 자기의 죽음 때문에 갖게 된 여성에 대한 미움에서 여인 안에 잉태되어 태어나기를 바라지 않아서라고 한다. 노래로는 무사 여신들과 겨루어도 이길 수 있다고 뽐내다가 여신들의 미움을 사 눈이 멀고 목소리도 빼앗긴 타미라스Thamyras의 것이었던 혼은 밤꾀꼬리의 삶을 선택하는 것을 보았다고 한다. 이와는 반대로 백조가 인간의 삶을 선택하는 것도, 다른 음악적인 동물들이 마찬가지로 그러는 것도 보았다고 한다. 아이아스Aias는 트로이아 전쟁에 참가한 헬라스 장수들 가운데 용맹에 있어서는 아킬레우스에 버금가는 자인데, 스무 번째 제비를 뽑고는 무장에 대한 판결을 기억하고서 사자의 삶을 선택함으로써 인간으로 태어나기를 피했다고 한다. 아가멤논의 혼은 자신의 수난으로 인한 인간 종족에 대한 증오심 때문에 독수리의 삶으로 바뀌길 바랐다고 한다.

경주에서 자기에게 이기는 남자와 결혼하겠다고 공언하고 경주에서 진 구혼자들을 살해한 아탈란타Atalanta의 혼은 중간쯤의 차례를 뽑았는데 한 남자 운동선수의 큰 명예들을 보고서는 그냥 지나칠 수 없어 그것을 취하더라고 한다. 아테나 여신의 도움으로 트로이아의 목마를 만든 것으로 유명한 에페이오스Epeios의 혼은 여성 장인의 부류로 옮겨 가는 것을 목격했다고도 한다. 트로이아 원정에 참가한 병사로서 익살맞은 테르시테스Thersites의 혼은 원숭이 차림을 하고 있더라고 한다.

오디세우스Odysseus의 혼은 맨 나중 차례를 뽑아 선택을 하러 나아갔는데 이전의 고난에 대한 기억 때문에 명예욕에서 해방되어서는 오랫동안 돌아다니며 편안한 사인私人의 삶을 찾더니 남들이 거들떠보지도 않은 채로 있던 것을 기어이 찾아냈다고 한다. 오디세우스는 설령 자신이 첫 번째 제비를 뽑았더라도 똑같은 선택을 했을 것이라고 말했다고 한다. 이런 식으로 다른 짐승들에서 사람들로, 사람들에서 다른 짐승들로의 이행이 이루어지고, 올바르지 못한 것들은 사나운 것들로, 올바른 것들은 유순한 것들로 바뀌는 등의 온갖 섞임이 일어났다고 한다.

이런 식으로 모든 혼이 자신의 삶을 선택한 다음 제비뽑기를 했던 순서대로 라케시스에게로 나아갔다고 한다. 여신은 각각에게 각자가 선택한 다이몬을 그 삶의 수호자로서, 그리고 선택된 것들의 이행자로서 딸려 보냈다고 한다. 다이몬은 혼을 먼저 클로토에게로 인도하여 여신의 손과 방추의 회전 운동이 진행되고 있는 아래쪽으로 가서, 제비뽑기를 한 혼이 선택한 운명을 확인받았다고 한다. 다이몬은 다시 혼을 아트로포스가 운명의 실을 잣는 데로 인도하여 한번 꼰 운명의 실은 되돌릴 수 없도록 만들었다고 한다. 그리고선 아낭케의 옥좌 아래로 갔다고 한다.

이제 혼들은 무섭도록 이글거리며 숨이 막히게 하는 무더위를 견디며 '망각Lethe의 평야'로 나아간다. 이곳은 나무도 없고 땅에서 자라는 것이라고는 아무것도 없는 곳이라고 한다. 그런데 이미 저녁이 된 터라 그들은 '망각의 강無心川, ameletes potamos' 옆에서 야영을 하게 되었는데, 이 냇물은 어떤 그릇으로도 담을 수가 없는 것이라고 한다. 그래서 모두가 이 냇물을 어느 정도는 마시기 마련이지만, 분별의 도움을 받지 못한 자들은 정도 이상으로 마시게 된다고 한다. 일단 이 냇물을 마시게 된 자는 모든 것을 잊어버리게 된다. 그들이 잠에 들자 한밤중에 천둥과 지진이 일더니 갑자기 저마다 뿔뿔이 제출생을 향해 마치 유성처럼 위로 이동해 가더라고 한다. 그런데 에르는 그 냇물을 마시는 것부터 제지당했다고 한다. 자신이 어떤 식으로 해서 제 몸속으로 돌아오게 되었는지는 알지 못하지만, 꼭두새벽에 눈을 뜨자 자신이 화장火葬을 위한 장작 더미 위에 놓여 있는 것을 보게 되었다고 한다.

에르의 저승 여행은 많은 이의 상상력을 자극해 왔다. 아낭케의 방추를 둘러싸고는 숱한 억측이 나와 있지만 여전히 이해하기 어려운 대목이다. 특히 연구자의 주목을 끈 것은 '망각의 평야'와 '망각의 강'이다. 사람들은 이글거리는 태양 아래 나무 한 그루 없는 망각의 평야를 힘겹게 지나와야 한다. 어렵사리 망각의 강에 도달하여 이미 저녁이 된 탓에 야영을 한다. 이 강의 물은 어느 그릇으로도 담을 수 없다. 그저 입을 대고 들이마시는 수밖에 없다. 하루 종일 뙤약볕을 걸어왔으니 분별심의 크기에 따라 물을 들이킬 것이다. 분별심이 없는 이는 양껏 들이마실 터이고, 분별심이 많은 이는 겨우 갈증을 해소할 정도로 마실 것이다.

그런데 이 강이 어떤 강인가? '망각의 강'이다. 따라서 마시는 양만큼 망각에 이른다. 분별심이 없는 사람은 거의 다 망각한다. '진리'에 해당하는 희랍어는 '알레테이아aletheia'이다.

여기에서의 '아ₐ'는 '부정'이다. '알레테이아'는 '레테강을 거슬러 올라가는 것', '망각을 극복하는 것'이다. 이런 생각이 '앎'은 '상기想起, anamnesis'라는 생각으로 이어진다. 이전에 이미 알고 있었지만 지금은 잊고 있는 것을 다시 떠올려 알게 되는 것이 '인식'이다. '망각의 강'을 건너는 것은 저승에서 이승으로 넘어옴이다.

이문열의 소설 『레테의 연가』에서 '레테'는 바로 이 에르 신화의 레테이다. 소설은 결혼을 앞둔 사람은 모름지기 레테강을 건너야 한다고 한다. 결혼하기 전에는 여러 이성을 만나고 또 알고 지낼 수 있다. 그렇지만 일단 결혼을 하기로 마음먹었다면 꼭 레테강을 건널 일이라고 한다. 이전의 이성 관계는 망각 저편으로 보내고, 이제부터는 오로지 한 사람과의 기억 속에서만 살 일이라고 한다.

6

사랑을 말하다

1
아름다운 고전 『심포시온』

무엇을 먹을까 고민하는 만큼이나 무엇을 읽을까 생각해야 옳을 것이다. 우리 몸이 무엇을 먹느냐에 따라 만들어지듯 우리 혼은 무엇을 읽느냐에 따라 형성된다. 세상에는 많은 책이 있다. 한순간 반짝하고 이내 잊히고 마는 허다한 책들과는 달리 세월이 아무리 흘러도 마치 마르지 않는 샘처럼 줄곧 풍부한 지혜를 열어 보이는 책들이 있다. 우리는 이런 책들을 가리켜 '고전古典, classicus, classic'이라고 한다. 영어 단어 클래식classic은 명사로 쓰이기도 하고, classic music이나 classic literature의 경우처럼 형용사로 쓰이기도 한다. 형용사로 쓰일 때는 "첫손가락에 꼽히는 부류에 속하고of the first class" "최고의 가치 서열에 해당한다of the highest rank"는 것을 드러낸다. 이 고전이야말로 인류 공동의 자산으로서 하나의 종種인 인간이 후세에 물려주는 정보 중에서도 고도로 집약된 지혜의 알맹이라고 할 수 있다.

사람들은 고전을 즐겨 인용하고 존중하는 척하면서도 정작 읽으려 들지는 않는다. 사실 고전은 술술 읽히고 금세 이해되는 책이 아니다. 그래서 사람들은 고전古典은 고전苦戰하게 만든다고들 한다. 또 고전은 평생에 걸쳐 거듭하여 읽게 되고 그때마다 다르게 받아들여지기도 한다. 한 번 읽어서 족한 책이라면 시간 죽이기에는 좋을지 몰라도 읽는 이의 삶을 풍요롭게 하거나 송두리째 바꾸어 놓지는 못한다. 플라톤의 『파이돈』, 『국가』, 『심포시온』 등은 오랜 세월에 걸쳐 많은 사람에 의해 읽혔고 서양의 고전 중의 고전으로 꼽힌다.

언젠가 미국 시사주간지 「타임」이 엉뚱하고도 희한한 여론 조사를 한 적이 있다. 세상에 도서관이 단 하나밖에 없다고 가정해 보자. 그 도서관에 불이 났다. 당신은 오직 단 한 권의 책만을 품에 안고 탈출할 수 있다. 당신이 지금 구하지 못한 책들은 더 이상 인류에게 전승될 수 없다. 당신은 어떤 책을 구하겠는가? 조사에 응한 미국 시민들이 1순위로 꼽은 책은 『성서』였다고 한다. 물론 미국인들에게 물어서 나온 결과여서 그럴 것이다. 가령 한국이나 중국 사람들에게 물었다면 대답이 다를 수 있을 것이다.

「타임」 조사에서 2위 자리에 오른 책은 무엇이었을까? 바로 플라톤의 『국가』였다. 『파이돈』과 『심포시온』은 흔히 『국가』와 함께 플라톤 저술 목록의 중기 삼총사로 일컬어진다. 바로 이 세 대화편에 고전적 형태의 '이데아 이론'이 가장 잘 드러난다. 이제 「타임」 조사에서 2위를 차지한 『국가』와 동급이라고 할 수 있을 고전 가운데 고전 『심포시온』을 자세히 살펴보자.

로마의 키케로는 "만일 제우스가 희랍어를 할 줄 알았다면 플라톤보다 더 풍부한 언어를 구사하는 자가 누구인지 물었을 것"이라고 한다. 플라톤은 큰 철학자이면서 동시한 위대한 작가이기도 한 드문 경우에 속한다. 특히 『심포시온』은 플라톤 철학의 핵심이라고 할 이데아 이론이 개진되면서도 그대로 한 편의 아름다운 문학 작품이기도 하다. 서구 사회에서 『심포시온』이 사상전집이나 철학전집이 아니라 문학전집에 끼어 있는 것은 이런 이유에서이다. 『심포시온』은 형식의 측면에서 볼 때 '틀 이야기'와 '본이야기'라는 두 부분으로 되어 있다.

아가톤의 집에서 비극 경연대회의 우승 축하 잔치가 이틀째 벌어지던 날, 7명의 참가자가 '사랑eros'이라는 주제에 대해 순서에 맞춰 연설하는 것이 '본이야기'이다. 그런데 처음부터 '본이야기'가 펼쳐지는 것은 아니다. 아폴로도로스라는 자가 길을 걷는데 몇몇 사람이 그를 불러 세운다. 시간적으로는 저 아가톤 집에서의 심포시온이 있고 나서 몇 해가 지난 뒤였다. 아폴로도로스를 불러 세운 이들은 바로 이 몇 해 전 심포시온에서 어떤 이야기가 오고 갔는지를 묻는다. 아폴로도로스는 그때 현장에 있었던 아리스토데모스에게서 들은 이야기라면서 7명의 연설을 소개한다. 이것이 '틀 이야기'이다. 이렇게 '틀 이야기'와 '본이야기'라는 구조를 독자에게 내보인다는 점에서 플라톤은 탁월한 작가이다.

그런데 '틀 이야기'를 독일어로는 '라멘에어쩰룽Rahmenerzäh-lung'이라고 부른다. 이때의 '라멘Rhamen'은 무언가를 둘러싼 '틀', 특히 사진이나 그림을 둘러싼 틀, 곧 액자를 말한다. 그래서 연구자들은 '틀 이야기'와 '본이야기'로 구성되어 있는 『심포시온』의 구조적 특징을 가리켜 '액자식 구성'이라고 부른다. 서양 사람들의 집 거실 혹은 응접실은 대개 많은 사진 액자로 장식되어 있다. 그런데 한 가지 특징이 엿보인다. 동일한 디자인, 심지어 동일한 색깔의 다양한 크기의 액자를 선호한다는 것이다. 지금도 액자 가게에 가 보면 동일한 디자인, 동일한 색깔의 액자를 크기별로 묶어서 한꺼번에 비닐 포장해 판매하는 것을 쉽게 볼 수 있다. 그러니까 '액자식 구성'은 이야기 속의 이야기라는 구조를 보인다.

그런데 '틀 이야기'와 '본이야기'라는 이중의 액자로 그치는 것이 아니다. 내용상 가장 중요하다고 할 소크라테스 연설에서 소크라테스는 자신의 이야기를 디오티마로부터 들은 이야기라고 한다. 전체적으로 액자 속의 액자라는 구조를 취하고 있는데, 거기에다 또 하나의 액자를 설치한 셈이다. 더구나 디오티마로부터 들었다는 이야기가 『심포시온』 전체에서 가장 중요한 부분이다. 그렇다면 디오티마 이야기는 '액자 속의 액자 속의 액자'가 되는 셈이다.

아가톤 심포시온에 참가한 7명은 앉은 자리에 따라 에로스를 주제로 한 연설을 펼친다. 파이드로스, 파우사니아스, 에릭시마코스, 아리스토파네스, 아가톤 그리고 소크라테스에 이르기까지의 과정은 점층법의 구조를 갖는다. 매 단계를 거치면서 뒤의 연설이 앞의 연설을 뛰어넘고 고도화시킨다. 이 점층법 구조의 정상에 위치해 있는 것이 소크라테스 연설, 특히 그 가운데에서도 디오티마로부터 들었다는 이야기요, 이 부분에 이데아 이론이 담겨 있다. 그리고는 이미 많이 취한 알키비아데스가 벼락 치듯 처들어와서는 이날 심포시온의 마지막 연설을 하는 것으로 되어 있다. 이런 액자식 구성과 점층법 구조는 플라톤이 철학자일 뿐만 아니라 탁월한 작가이기도 하다는 사실을 유감없이 드러낸다.

2
심포시온과 아곤

고대 그리스 특유의 문화 가운데 하나로 심포시온symposion이 있다. 그리스 사람들이 즐긴 심포시온을 우리는 여러 문헌, 모자이크, 꽃병에 그려진 그림 등으로 어느 정도 파악하고 있다. 언어적으로 보아서 '심포시온'이라는 단어는 '함께'라는 뜻의 'sym'과 '마신다'는 뜻의 'posion'이 합쳐진 것이다. 그러니까

'심포시온'은 '함께 마시기' 정도를 의미하는 말이다. 사람들은 클리네kline라 부르는 침대 혹은 침상형 의자에 비스듬히 기대 누워 노예들의 시중을 받고, 포도주를 마시며 담론을 나눈다. 이때 좌장symposiarchos이 물과 포도주를 섞는 비율, 술 마시는 양과 속도 등을 정했다고 전해진다. 그런데 심포시온은 그 단어가 드러내듯 그저 포도주를 즐기는 자리로 그치는 것이 아니다. 사람들은 포도주, 정확하게 말하자면 그날 정해진 비율로 물이 섞인 포도주를 즐기면서 주제에 따른 담론을 펼친다. 단순한 술자리, 술판은 아닌 것이다. 고대 그리스 사람들은 이런 심포시온을 매우 즐겼다고 한다. 이런 보통명사로서의 심포시온이 '소문자 심포시온symposion'이다. 영어로 학술 행사의 한 형태를 가리키는 단어 심포시엄symposium은 바로 이 희랍어 심포시온에서 온 것이다.

플라톤의 중기 대화편 『심포시온』은 하고많은 심포시온들 가운데에서 비극 시인 아가톤이 경연대회에서 우승한 것을 축하하기 위해 벌어진 어느 날의 심포시온을 우리에게 내보이는 형태의 저술이다. 따라서 플라톤의 책 제목은 고유명사로서 '대문자 심포시온Symposion'이다. 우리는 플라톤 『심포시온』을 통해 고대 그리스 문화의 독특한 한 형태인 심포시온을 잘 이해할 수 있는 기회를 얻는다.

참가자들이 모이면 먼저 식사deipnon를 한다. 식사와 심포시온은 엄격히 구분된다. 플라톤 『심포시온』 176a는 식사가 끝나고 심포시온이 시작되는 장면을 잘 보여 준다. 식사가 끝나면 일정한 종교적 의례, 정화 행위가 이루어진다. 자리가 깨끗이 정리되고 음식은 치워진다. 손을 씻고 헌주를 하고 헌주가를 부르기도 한다. 심포시온이 시작되면 비로소 포도주가 등장하고 음식은 간단한 안주로 제한된다.

'포도주를 마시면서 벌이는 담론' 심포시온이 고대 그리스만의 독특한 문화이다 보니 플라톤 대화편 『심포시온』을 어떤 표현으로 번역할지가 문제이다. 이 번역의 어려움은 어떤 언어든 마찬가지이다. 예컨대 독일어로는 '가스트말Gastmahl'과 '트링크겔라게Trinkgelage'라는 두 번역이 있다. 우선 '가스트말'은 '손님을 초대해 대접하는 식사'를 나타낸다. 심포시온을 담아내는 데에는 역부족이다. 다음으로 '트링크겔라게'는 우리말로는 '술자리', '술판'이다. 앞의 것보다는 낫다. 그러나 이번에는 '술'은 있으나 '담론'이 없다. 고대 그리스에만 있었던 것이니 다른 언어로는 번역해 내기 어려운 것이다.

우리말 번역도 마찬가지이다. 플라톤 『심포시온』에 대한 가장 흔한 번역은 '향연'이다. 지금도 '음악의 향연'이라거나 '철학의 향연'과 같이 비유적으로 쓰이기도 한다. 그러나 '향연饗宴'의 한자 '향饗'에는 '먹을 식食'이 들어 있다. 따라서 '향연'은 식사deipnon와 뚜렷이 구별되는 심포시온symposion을 드러내지 못한다. 과거 어떤 이는 세상이 다 '향연'이라고 할 때 혼자 '잔치'라고 하기도 했다. 이렇게 한 데에는 '향연'이라는 널리 퍼진 번역이 심포시온과는 거리가 있다는 문제의식이 작용했을 것이다. '잔치'가 순우리말이고 우리나라 사람들에게는 기분 좋은 어휘이지만, 이 역시 심포시온의 번역이 되지 못하기는 마찬가지이다. 잔치에는 술도 있고 음식도 있지만 담론이 있다고는 하기 어렵다.

필자의 생각은 이렇다. 고대 그리스의 독특한 '심포시온'을 번역하려 애쓰지 않는 것이 좋겠다. 어떻게 해도 '심포시온'을 번역해 낼 수 없고, 번역하고 보면 '심포시온'과는 거리가 생긴다. 그러니 지금 문제가 되고 있는 플라톤 대화편을 『심포시온』으로 표기하자는 것이 필자의 생각이다.

비극 시인 아가톤이 경연대회에서 우승한 것을 축하하기 위해 사람들이 아가톤의 집에 모이고 심포시온이 벌어진다. 이 자리에서 7명이 각자 담론을 펼친다. 그런데 『심포시온』의 곳곳에서 참가자들 사이의 팽팽한 신경전이 엿보인다. 사람들이 자리를 잡고 나서 뒤늦게 소크라테스가 당도하는데, 소크라테스가 어디에 앉아야 하는가가 문제시된다. 심포시온이 한참 진행되고 알키비아데스가 출현하는데, 이때에도 알키비아데스의 자리가 문젯거리이다. 왜 그런가? 자리 배정은 연설의 순서와 연결된다. 심포시온 참가자들은 어떤 순서로 연설하는 것이 자신에게 유리한지를 따진다. 따라서 어느 자리에 앉느냐가 중요하다. 누구든 '이미자 바로 뒤에 노래 부르기'를 꺼리는 것과 같다. 정해진 순서를 바꾸는 계기가 되는 '아리스토파네스의 딸꾹질'이 그래서 재미있다.

본격적인 심포시온이 시작되기 직전인 175e에는 "디오니소스를 심판관으로 하여"라는 표현이 있다. 『심포시온』에서 술의 신, 도취의 신, 광기의 신 디오니소스는 이중적 의미로 심판관 노릇을 한다. 첫째로, 술의 신답게 이 심포시온에서 누가 가장 술이 센지를 판정하는 심판관이다. 초저녁에 시작한 심포시온이 계속되면서 한 명씩 나가떨어지고 맨 마지막에는 셋이 남았다. 집주인인 비극 시인 아가톤, 희극 시인 아리스토파네스 그리고 소크라테스이다. 이 셋 중에 아리스토파네스가 먼저 잠들게 되고, 다음으로는 아가톤이 날이 밝을 즈음 잠든다. 홀로 남은 소크라테스는 리케이온Lykeion으로 가서 씻은 다음 여느 때처럼 지내다가 저녁이 되어서야 집으로 돌아갔다고 한다. 첫 번째 판정의 승자는 단연 소크라테스이다.

둘째로, 한참 심포시온이 진행되어 이미 6명의 연설이 끝난 뒤에 술에 취해 요란스럽게 알키비아데스가 출현한다. 그런데 이 알키비아데스의 출현은 신화에서 디오니소스의 출현과 매우 흡사하다. 우선 술에 취해 있고, 솔방울과 리본으로 장식된 화관을 쓰고 있다. 그리고 이 알키비아데스는 리본 하나를 다름 아닌 소크라테스 머리에 꽂아 줌으로써 심판관 역할을 수행한다. 그러니까 이 자리에서 가장 지혜로운 자는 소크라테스라는 판정을 내리는 셈이다.

『심포시온』에서의 7개 연설은 "디오니소스를 심판관으로 하여" 일종의 경합의 형태로 전개된다. 여기에서 중요한 역할을 하는 희랍어 개념이 '아곤agon'이다. 연구자들은 이 아곤이야말로 고대 그리스 사람들을 이해하는 열쇠라고 본다. 이 아 곤을 영어로는 '콘테스트contest'나 '컴피티션compention'으로, 독일 어로는 '베트캄프Wettkampf'나 '베트스트라이트Wettstreit'로 옮긴 다. 독일어 표현이 훨씬 낫다. 다툼이나 싸움을 뜻하는 '캄프 Kampf'와 '스트라이트Streit'에 '베트Wett'가 붙었다. '베트Wett'는 누 가 더 나은지, 누가 더 잘하는지, 누가 더 빠른지 등에 있어서 '겨룬다'거나 '내기한다'는 뜻을 담고 있다. 그래서 우리말로는 '경쟁적 시합', 줄여서 '경합競合'으로 번역했으면 한다.

고대 그리스 세계에서는 많은 것들이 경합의 형태로 치러 졌다. 고대 그리스 사람들이 현대 인류에게 선물한 것 가운데 하나가 올림픽 경기이다. 올림픽 경기는 누가 더 빨리 달리는 지, 누가 더 멀리 던지는지 등 몸의 경합이라고 하겠다. 비극 경연대회는 혼의 경합이다. 심지어 경합은 인간뿐만 아니라 신들 사이에서도 벌어진다. 불화의 여신이 던져 놓은 황금 사 과를 두고 트로이아의 왕자 파리스는 헤라, 아테나, 아프로디 테 사이 경합의 심판관이 된다. 그는 권력을 약속한 헤라, 전 쟁에서의 승리와 명예를 약속한 아테나를 제치고 세상에서 가장 아름다운 여인을 약속한 아프로디테를 택한다. 그 결과

트로이아 전쟁이 발발하고 트로이아는 멸망한다. 그리스 사람들의 삶의 영역 전방위에 걸쳐 작동하는 것이 아곤의 원리이다. 고뇌라는 뜻의 영어 단어 '애고니agony'가 희랍어 아곤에서 왔다고 한다. 아닌 게 아니라 사사건건 경쟁이요 경합이라면 매우 힘들고 피곤할 것이다. 노래 잘하는 가수들이 나와서 매번 관중 호응도에 따라 순위를 매겨, 낮은 순위를 받으면 한 명씩 탈락하는 텔레비전 프로그램이 있었는데, 이야말로 아곤의 극치이며 그 가수들의 고뇌는 대단했을 것이다.

연구자들은 크게 세 부류의 아곤을 구별한다. 첫째로 '아곤 김니코스agon gymnikos'가 있다. 인간의 몸과 관련된 경합이다. 올림픽 경기가 바로 이런 것이다. 둘째로 '아곤 무시코스agon mousikos'가 있다. 문화와 예술을 관장하는 무사Mousa 여신들과 관련된 경합, 즉 혼의 영역에서의 경합이다. 비극 경연대회가 대표적이다. 세 번째 아곤이 독특하다. 고대 세계에서는 여러 모로 말馬, hippos이 중요했다. 누가 더 좋은 혈통의 말을 비싼 값을 주고 구해서 호사스러운 말안장, 말발굽, 말총으로 장식하느냐가 중요한 경쟁거리였다. 이렇게 말을 두고 벌어지는 경합을 '아곤 히피코스agon hippikos'라고 한다.

3
에로스와 파이데라스티아

플라톤의 대화편들에는 제목과 함께 부제가 붙어 있다. 이 부제들은 정확히 언제 누가 붙였는지 알려지지 않은 채 오늘날까지 이어져 온다. 『심포시온』의 부제는 '사랑', 희랍어로 에로스eros이다. 희랍어에는 사랑을 뜻하는 어휘가 여럿 있다. 그 가운데에서 아가페agape, 에로스eros, 필리아philia, 이 세 가지가 중요하다. 아가페는 인간에 대한 신의 사랑, 신에 대한 인간의 사랑을 나타낸다. 에로스는 인간 사이의 사랑을 가리킨다. 이 에로스는 보통명사로서 첫글자를 소문자로 표기한다. 흔히 에로스와 아가페는 짝을 이루는 것으로 이해된다. 필리아는 두 가지 쓰임새가 있는데, 어떤 때에는 아가페나 에로스 등 모든 종류의 사랑을 총칭하기도 하고, 또 어떤 경우에는 우리가 '우정'이라고 부르는 친구 사이의 사랑을 가리키기도 한다.

그런데 첫글자를 대문자로 시작하는 에로스Eros가 있다. 이

에로스는 고유명사로서 그리스 신화의 에로스 신을 의미한다. 에로스는 아프로디테의 아들로서 '사랑의 신'이다. 에로스와 프시케 사이의 사랑에서 비롯된 화살 박힌 하트 문양은 세계 공통의 언어가 되었다. 형용사 '에로틱erotic', 명사 '에로티즘erotism', '에로티시즘eroticism' 등이 모두 에로스에서 왔다. 우리가 '에로 영화', '에로 배우'라고 말하는 것 역시 놀랍게도 에로스 신과 연결된다. 서양의 화가나 조각가는 보통 에로스를 금발 곱슬머리에 오동통한 아기로 묘사한다. 화살통을 메고 있는 이 아기 에로스가 마구 활시위를 당긴다. 화살통에는 두 종류의 화살이 있다고 한다. 황금 촉으로 된 화살을 맞은 자는 사랑에 빠져 사랑하지 않을 수 없게 된다고 한다. 반면에 납이나 구리로 된 화살을 맞은 자는 사랑할 수가 없다고 한다. 이 글을 읽는 독자도 자신의 필요에 따라 적절한 화살을 쫓아다녀야 한다.

바로크 화가 카라바조Michelangelo Merisi da Caravaggio(1571-1610)는 부잡스러운 삶을 살다가 젊은 나이에 생을 마감한 독특한 인물이다. 어두운 바탕 화면에 〈메두사의 머리〉, 〈홀로페르네스의 목을 치는 유디트〉, 〈세례자 요한의 참수〉, 〈골리앗의 머리를 든 다윗〉 등 피가 뚝뚝 떨어지는 참수 장면을 많이 그렸다. 그런 그가 그린 대문자 에로스도 특이하다. 통상적인 귀여운 아기 에로스가 아니라 막 사춘기에 접어들었을 청소년 에로스가 나체로 서 있다. 그림의 제목은 〈승리자 아모르〉이다. 그리스 신화의 에로스는 로마 신화에서 아모르Amor가 된다. '승리자 아모르'라는 제목은 다음과 같은 라틴어 표현에서 왔다. "Amor vincit omnia." 영어로는 "Love conquers all"로 번역되고, 우리말로는 "사랑이 모든 것을 이긴다"이다.

'플라토닉 러브Platonic love'라는 표현이 있다. 이 표현을 사람들은 '육체가 개입되지 않은 정신적 사랑'이라거나 '순수하고 고상한 사랑'으로 이해한다. 이런 이해가 옳은가? 아니다. 철학자 플라톤은 평생 결혼하지 않고 독신으로 살았다. 부인 크산티페와 관련된 많은 이야기를 남긴 소크라테스나 결혼해서 아들 니코마코스를 둔 아리스토텔레스와 다른 점이다. 그런데 정작 사랑을 주제로 한 『심포시온』을 읽어 보면 통상적으로 알고 있는 '플라토닉 러브'와는 전혀 어울릴 수 없는 내용들을 만난다. 결국 우리는 '플라토닉 러브'를 잘못 알고 있다는 것을 인정해야 한다.

'플라토닉 러브'는 '플라톤이 생각하는 사랑', '플라톤이 말하는 사랑'이요, 여러 대화편들 가운데 집중적으로 '사랑'을 거론하는 대화편은 『심포시온』, 『파이드로스』, 『리시스』인데 이 중 『심포시온』이 단연 첫손에 꼽힌다. 그러니 '플라토닉 러브'라는 표현에 대한 정확하고도 의미 있는 이해는 '플라톤이 『심포시온』에서 보여 주는 사랑'인데, 문제는 이 사랑이 '육체가 개입되지 않은 고상한 사랑'은커녕 읽는 이를 깜짝 놀라게 하는 남성 사이의 사랑이라는 사실이다.

고대 지중해 세계에 널리 퍼져 있던 동성애에 대해서는 도버K. J. Dover의 책 *Greek Homosexuality*(1978, 1989)가 훌륭한 정보를 제공해 준다. 영어로 여성 동성애자를 '레즈비언lesbian'이라고 한다. 이 단어는 '레스보스 사람'을 가리킨다. 에게해의 섬 레스보스Lesbos에서 무슨 일이 있었던 걸까? 이를 설명하기 위해서는 고대 세계 최고의 여성시인 사포Sappho를 소환해야 한다. 사포는 너무도 탁월해서 훗날 플라톤은 사포를 가리켜 "열 번째 무사"라고 했다고 한다. 이 표현은 인간에게 부여될 수 있는 최상의 찬사이다.

문화와 예술을 관장하는 무사 여신은 모두 아홉으로, 마치

분업 체계처럼 문예의 여러 영역을 분담한다. 무사는 여신이고 사포는 인간이다. 따라서 "열 번째 무사"라는 표현은 인간으로서는 으뜸이라는 극찬인 셈이다. 이 사포의 남편은 비교적 젊은 나이에 세상을 떠나면서 많은 재산을 남겼다고 한다. 이 재산을 활용해 사포는 레스보스섬에 여성 공동체를 만들고 주로 문예를 가르쳤다고 한다. 당시 사람들에게 여성들만의 공동체는 도저히 납득이 되지 않았을 터이니 온갖 험악하고 지저분한 추측이 난무했을 것이다. 여자들끼리 모여서 무엇을 할까? 이런 배경에서 발생한 어휘가 '레즈비언'이다.

고대 세계에서 남성 사이의 사랑을 나타내는 어휘가 '파이데라스티아paiderastia'이다. 오늘날 많은 책에서 동성애의 기원을 고대 그리스 세계로 보고, 소크라테스도 동성애자였다, 플라톤도 동성애자였다 등으로 기술하고 있는 것을 본다. 소크라테스나 플라톤과 같은 큰 철학자를 동성애자 목록에 넣는다고 해서 동성애의 정당성이 확보되는 것은 아닐 것이다. 논리학에서는 이런 식의 사고방식을 '권위에 호소하는 오류'라는 이름의 오류를 범한 것으로 본다. 고대 그리스의 파이데라스티아를 현대 동성애와 동일시하는 것은 문제가 크다. 우선 언어적으로 보아서 파이데라스티아는 '소년pais, paides'과 '사랑erastia'이 결합된 것이다. 그러니까 우리말로는 '소년에 대한 사랑', '소년애少年愛'라고 할 만하다.

파이데라스티아가 현대 동성애와 확연히 다른 점으로는 첫째, 결코 동년배 사이에서는 성립하지 않는다는 것이다. 파이데라스티아는 중장년의 연장자와 청소년인 연소자 사이의 사랑이다. 사랑하는 자the lover인 연장자를 '에라스테스erastes'라고 하고, 사랑받는 자the loved인 연소자를 '파이디카paidika'라고 한다. 파이데라스티아는 세대와 세대를 이어 주는 역할을 한다. 세간의 큰 관심거리였던 소크라테스와 알키비아데스, 플라톤과 디온 사이의 관계는 바로 이 파이데라스티아로 설명된다. 둘째로 파이데라스티아가 현대 동성애와 구별되는 점으로 교육의 계기를 들 수 있다. 연장자는 연소자가 훌륭한 시민으로 자라도록 돌보는 후견인 역할을 한다. 요즘 쓰는 표현으로 멘토mentor와 멘티mentee의 관계와 다르지 않다.

4

사랑의 힘과 불후에 대한 의지

　정신분석학자 프로이트는 인간에게 두 종류의 원초적 본능이 있다고 말한다. '사랑eros'의 본능과 '죽음thanatos'의 본능이 바로 그것이다. 『심포시온』에서 사랑에 대한 첫 번째 연설 주자로 나서는 파이드로스는 죽음도 넘어서는 사랑의 힘을 이야기한다(『심포시온』 179b-180b).

　사랑하는 자들만이 누군가를 위해 기꺼이 죽으려 한다. 남자들만 그런 것이 아니라 여인들도 그렇다. '죽음을 이기는 사랑의 힘'의 첫 번째 이야기의 주인공은 알케스티스Alkestis이다. 테살리아에 있는 이올코스의 왕 펠리아스Pelias의 딸이요 같은 지역 페라이의 왕 아드메토스Admetos의 아내인 알케스티스는 자기 남편을 위해 기꺼이 죽고자 했다. 아드메토스는 아폴론의 도움을 받아 알케스티스와 결혼하게 되었는데, 결혼식 때 아르테미스 여신에게 제물 바치는 것을 잊는 바람에 미움을 사 죽을 처지에 몰리지만, 아폴론이 누이인 아르테미스를 달래 위기를 모면하게 된다. 또한 아폴론은 아드메토스가 죽음을 앞두었을 때, 누군가 그를 대신하여 죽는다면 아드메토스가 다시 살 수 있도록 운명의 여신들을 설득한다. 다들 망설이는데 알케스티스만 대신 죽기를 자청하고 나선다.

이후 이야기 전개에는 두 종류가 있다. 한 가지는 에우리피데스Euripides의 작품 『알케스티스』에 소개된 것으로, 마침 손님으로 와 있던 헤라클레스가 환대에 대한 보답으로 알케스티스를 구해 준다. 또 다른 이야기는 플라톤이 『심포시온』에서 소개하고 있는 것으로서 알케스티스의 지극한 사랑에 감동한 하데스와 페르세포네가 그녀를 남편 곁으로 돌려보내 주었다는 것이다. 아드메토스에게는 부모가 있었지만, 알케스티스는 그들을 훨씬 뛰어넘는 사랑을 보여 주었다. 인간들뿐만 아니라 신들도 알케스티스가 아주 아름다운 일을 해낸 것으로 여겨 하데스로부터 그녀의 혼을 내보내 주었다. 신들이 하데스로부터 누군가의 혼을 내보내 주는 것은 극히 드물게 벌어지는 일이요, 소수에게만 주어지는 상이다.

'죽음을 이기는 사랑의 힘'의 두 번째 이야기의 주인공은 오르페우스Orpheus이다. 오르페우스는 희랍 신화 등장인물 가운데 최고의 시인이요 음악가이다. 오르페우스와 그 아내 에우리디케Eurydike 이야기는 영화, 오페라, 소설 등으로 재창조되었다. 오르페우스는 트라키아의 왕 오이아그로스와 무사인 칼리오페 사이에 태어난 아들이다. 아르고호 항해에 참가하여 음악으로 많은 도움을 주었으며, 트라키아로 돌아와 에우리디케와 결혼한다. 그런데 얼마 후 에우리디케는 미모에 반해 자신을 쫓아오는 아리스타이오스로부터 도망치다가 뱀을 밟아 그 뱀에 물려 죽음을 맞는다.

슬픔에 빠진 오르페우스는 하데스를 찾아가고, 하데스와 페르세포네도 그의 사랑에 감동한다. 그래서 한 가지 조건을 걸어 아내를 데려가도록 허락한다. 그 조건이란 오르페우스가 앞장서 걷되 지상에 이르기까지 절대로 뒤돌아보지 말아야 한다는 것이다. 그 귀결을 두고는 오르페우스가 이 조건을 잘 지켜 결국 하데스로부터 아내를 무사히 데리고 나왔다는 해피 엔딩 버전도 있지만, 그 반대의 비극적 결말이 더 우세하다. 오르페우스는 거의 지상에 도달할 즈음 기쁜 마음에 그만 자제력을 잃고는 돌아보지 말라는 금기를 깨고 에우리디케를 확인하느라 뒤돌아보게 되고, 그 순간 에우리디케는 안개의 정령으로 변해 지하 세계 안쪽으로 사라져 버린다.

자신의 잘못으로 마지막 순간에 일을 그르친 오르페우스는 큰 슬픔에 빠져 지내다가 트라키아의 마이나스들에 의해 갈가리 찢겨 죽게 된다. 머리만은 찢김을 면해 강에 떨어져 바다로 흘러가는 동안에도 계속 에우리디케를 불렀다고 한다. 레스보스섬에 이르러 사람들이 머리를 건져 올려 장례를 치러 주었고, 그 후로 레스보스섬 사람들은 남다른 시적 소양을 지니게 되었다고 한다. 『심포시온』에서는 오르페우스가 목적을 달성하지 못한 것은 사랑을 위해 목숨을 버리기보다는 키타라 가수로서 유약하여, 살아서 지하 세계에 들어갈 궁리만 한 탓에 벌을 받은 것이라고 한다. 그러니까 오르페우스의 사랑은 알케스티스의 사랑에 미치지 못한다고 평가받고 있는 셈이다.

'죽음을 이기는 사랑의 힘'의 세 번째 이야기의 주인공은 아킬레우스Achilleus이다. 아킬레우스는 전쟁터로 나아가기 전에 어머니 테티스로부터 그가 헥토르를 죽이면 그도 죽게 될 것이지만 죽이지 않으면 무사히 집으로 돌아갈 것이라는 예언을 들었다. 그런데도 그는 파트로클레스에 대한 복수를 하고서 그를 뒤따라 죽기까지 했다.

아킬레우스와 파트로클레스는 그리스 고대 세계 특유의 소년애, 즉 파이데라스티아로 맺어진 사이였다. 『심포시온』에서는 신들은 아킬레우스의 사랑을 알케스티스의 사랑보다 더 높게 평가한다고 말한다. 남녀 사이의 사랑보다도 파이데라스티아를 더 중요하게 보는 고대 그리스 세계의 특징이 드러나는 대목이다. 그래서 신들은 아킬레우스를 '축복받은 자들의 섬들makaron nesoi, 極樂群島'로 보내 주었다고 한다. 『심포시온』에 소개된 '죽음도 넘어서는 사랑의 세 이야기' 사이에는 서열이 있다. 신들에게는 아킬레우스의 사랑이 가장 마음에 드는 사랑이고, 두 번째는 알케스티스의 사랑이요, 그다음이 오르페우스의 사랑이다.

죽으면 썩는다. 죽어야 썩는다. 썩지 않는다는 것은 죽지 않는다는 것, 죽음을 극복했다는 것이다. 『심포시온』에서 플라톤은 '불후不朽에 대한 의지'를 말한다. 사랑이 추구하는 것은 "육체적으로나 정신적으로 아름다운 것 속에서 출산하는 일"(『심포시온』 206b)이다. 그런데 이 출산이라는 목표는 불사brotos, mortuus, mortal의 것으로 신적인 것이다. 인간은 희랍어의 '브로토스'라는 표현이 이미 보여 주듯 본질적으로 죽어야 하는 존재이다. 임신과 출산은 "신적인 일이요 가사적 존재 속에 있는 불사의 어떤 것"(『심포시온』 206c)이다. 에로스의 최종 목표는 아름다움이 아니라 아름다운 것 속에서 출산하는 것인데, 그 까닭은 "바로 이 출산이 영원한 것이고 죽어야 하는 존재 안에서 불사의 어떤 것이기 때문이다"(『심포시온』 206e). 인간이 자식을 스스로의 분신分身으로 본다는 것은 이런 맥락에서 이해할 수 있을 것이다.

그런데 인간에게는 죽지 않는 또 한 가지 방식이 있다. 사후 세계에서 그 행위를 통해 얻게 되는 명예가 바로 그것이다. 불후의 명성을 위해 "모든 사람은 무슨 일이든 하는 것이고 우수한 사람일수록 그러한데, 그 까닭은 그들이 사랑하는 것이 불사의 것이기 때문이다"(『심포시온』 208d). 사람은 그 자식을 통해서 자신의 삶에 대한 기억을 확보할 수 있는데, 이것은 육체적으로 영원히 사는 것이다. 그런데 혼의 관점에서 영원히 사는 일도 있다. 혼이 영원히 산다는 것에 이끌리는 사람은 정신적 성과를 추구한다. 플라톤이 이런 데에 대한 예로 든 것은 호메로스나 헤시오도스와 같은 시인들, 리쿠르고스나 솔론과 같은 입법가들이다.

그러나 시인들과 입법가들만 불후의 명성을 누리는 것은 아니다. 모든 사람은 이름을 남긴다. 우리 속담에도 "호랑이는 죽어서 가죽을 남기고, 사람은 죽어서 이름을 남긴다"라고 하지 않았던가. 그런데 이름을 남긴다는 것은 상반된 두 가지 방식으로 이루어진다. 빛나고 영예로운 방식만 있는 것이 아니다. 두고두고 악명을 떨치는 수도 있다. 영어 형용사 '노토리어스notorious'가 꼭 이런 경우에 쓰인다. 우리가 '빌라도'라고 부르는 이의 라틴어 이름은 '필라투스Pilatus'이다. 예수가 처형되던 시기에 유대 지방 로마 총독으로 일체 과정을 주관했던 자이다. 이 이름은 예수를 죽음으로 몰아넣은 자의 이름으로서 두고두고 악명을 떨쳤다. 스위스 루체른Luzern에는 이 이름의 산이 있다. 부정적인 의미의 불후의 명성의 대표 사례이다. 현지 사람들이 전하는 전설에 의하면 예수 처형의 책임자인 필라투스는 어디에서도 발붙이고 살지 못해 이곳저곳 떠돌아다니다가 마침내 루체른에서 간신히 작은 평화를 허락받아 험준한 산이 되었다고 한다.

이름을 남겨야 한다는 강박증이 우리에게 있는 것은 아닐까? 훌륭한 생각과 행위는 오래도록 이름이 남도록 만든다.

그런데 등산로의 바위, 심지어는 나무에까지 자신의 이름을 남기려는 사람들이 있다고 한다. 부끄러운 이름으로 남는다는 것을 왜 모르는 것일까? 필자가 경험한 최악의 사례는 스위스 루체른에 남은 한글 낙서이다. 아름다운 도시 루체른의 한복판을 가로지르는 강에는 오래된 지붕 덮인 목조 다리가 있다. '조그만 성당에 이르는 다리'라는 뜻으로 카펠교라 불리는 이 다리는 루체른의 대표 상징물이다. 어쩌면 이 다리 입구에 '한국인 출입 금지'를 알리는 표지판이 세워질는지 모른다. 한글 낙서로 도배되다시피 한 이 다리에서 부끄러움을 느꼈다. 누구누구 다녀갔다는 둥, 누구누구 사랑한다는 둥의 한글 낙서를 남의 나라 문화재에 새겨 놓고 오는 한국 사람들은 이름을 남긴다는 것의 참된 의미를 모르는 사람들이다.

5
아리스토파네스의 딸꾹질과 뮤지컬 〈헤드윅〉

문학 작품으로서의 『심포시온』의 구성상 백미는 단연 '아리스토파네스의 딸꾹질'이다. 일행은 치열한 신경전 끝에 각자 자리를 잡았고, 그 자리의 순서가 곧 연설 순서가 된다. 심포시온이 아곤의 형태로 진행되는 만큼 긴장감이 팽팽하다. 애초 순서대로는 파우사니아스 다음에 아리스토파네스가 연설해야 한다. 그런데 파우사니아스가 연설을 마치자 다음 순서인 아리스토파네스는 딸꾹질을 핑계로 의사인 에릭시마코스에게 딸꾹질을 멈추게 해 주든지 아니면 연설 순서를 바꾸어 달라고 떼를 쓴다. 부드러운 사나이 에릭시마코스는 두 가지 청을 모두 들어주겠다면서 연설 순서를 바꿔 주는 것은 물론이요 의사로서 딸꾹질을 멎게 하는 방법을 가르쳐 준다. 그런데 그 방법이라는 것이 오늘날 우리가 쓰고 있는 것과 똑같다는 것을 보고 놀라게 된다. 우선 오랫동안 숨을 멈추고 있고, 그래도 딸꾹질이 멎지 않으면 물을 입에 물고 몇 번 울컥거려 보고, 그래도 안 되면 코를 간질여 재채기를 유발해 보라고 한다. 사랑을 이야기하고 이데아 이론을 개진하는 대화편에서 우스꽝스러운 아리스토파네스의 딸꾹질은 왜 등장하는 것일까?

비단 『심포시온』뿐만 아니라 플라톤의 26 내지 27 대화편들 전체에 걸쳐 '진지함spoude, earnest, Ernst'과 '유희paidia, playfulness,

Spiel'는 구성상의 기본 골격을 이룬다. 플라톤 대화편들을 관통하는 기본 특징 가운데 하나가 이 '진지함'과 '유희'의 교차이다. 생각해 보면 인간의 삶이 결국 '진지함'과 '유희'의 교차가 아니겠는가? 동네 공중목욕탕에는 열탕과 냉탕이 함께 있다. 사람들은 열탕과 냉탕을 번갈아 옮겨 다니면서 "어 시원해"를 연발한다. 세상사를 줄곧 진지하게만 대할 수도 없고 그렇다고 또 낄낄댈 수만도 없다. 플라톤 대화편의 구성상의 특징인 '진지함'과 '유희'의 교차를 잘 드러내는 장치가 바로 『심포시온』의 '아리스토파네스의 딸꾹질'인 것이다. 앞서 인용한 키케로의 말을 실감하게 된다.

7개 연설 가운데 가장 널리 알려진 것은 희극 작가 아리스토파네스의 연설이다. 이 연설을 각색한 뮤지컬 〈헤드윅〉은 오늘날에도 세계 곳곳에서 상연된다. 이 뮤지컬의 본래 제목은 〈헤드윅과 성난 1인치Hedwig and the angry inch〉이고, '사랑의 기원'이라는 부제를 달고 있다. '성난 1인치'라는 표현이 상상력을 자극한다.

아리스토파네스의 이야기는 대강 이렇다. 과거 인간에게는 지금과는 달리 세 개의 성, 그러니까 남성, 여성만 있는 게 아니라 세 번째의 성이 있었다고 한다. 이 세 번째의 성은 한 몸에 남성과 여성을 모두 지닌 것으로서 신화상으로는 남신 헤르메스와 여신 아프로디테가 결합한 '헤르마프로디토스Hermaphroditos'요, '남성aner, andros'이라는 어휘와 '여성gyne'이라는 어휘가 결합된 '안드로귀논androgynon'이고, 우리말로는 '자웅동체', '암수한몸', '남녀추니', '어지자지'이다. 정리해서 말하자면 예전에는 '남남성', '여여성', '남녀성'이라는 세 종류의 인간이 있었다.

그런데 이 인간은 앞뒤로 얼굴 둘, 팔이 넷, 다리가 넷, 다시 말해서 무엇이든 지금 인간의 두 배요, 전체적으로 마치 공처럼 둥근 데다 팔다리 여덟을 움직여 매우 빠르게 이동하는 등 못하는 일이 없었다. 이 막강한 인간은 세월이 흐르면서 기고만장해지고, 신들을 공격하는 등 오만이 하늘을 찔렀다. 그리스 신화나 비극에는 도를 지나친 '오만hybris'에는 신의 '응징nemesis'이 따른다는 '히브리스-네메시스hybris-nemesis' 도식이 있다. 지켜보던 신들이 조치를 취했다. 아예 멸종시키면 신들에게 제사 지내는 일이 없어질 터이니 마치 도구를 이용하여 삶은 달걀을 가지런히 자르듯 인간을 둘로 나누어 능력을 반감시킨다. 이런 연유로 반쪽 인간은 끊임없이 자신의 잃어버린 반쪽을 찾아 나선다. 사랑은 '잃어버린 반쪽 찾기'이다. 현대 영어의 표현으로 자신의 배우자를 가리켜 '다른 반쪽an another half'이라고 하는 것과도 통하는 이야기이다.

사랑은 잃어버린 반쪽을 찾아 융합, 용접됨으로써 온전함 holos, holism을 회복하려는 노력인데, 문제는 처음 세 종류 인간 가운데 어떤 상태에서 둘로 나뉘었느냐이다. 그러니까 자웅동체 '남녀성'에서 나뉜 경우에는 '남성'은 '여성'을, '여성'은 '남성'을 찾아 나선다. 그런데 '남남성'의 경우에는 갈린 '남성'이 잃어버린 또 다른 '남성'을 추구하게 되고, '여여성'의 경우에는 '여성'이 자신의 반쪽인 또 다른 '여성'을 찾아 나서게 된다. 아리스토파네스의 이 우화적 이야기는 '사랑의 기원', 동시에 '동성애의 기원'을 담고 있다. 이미 서양 고대 세계에서 성적 지향의 다양성, 오늘날 표현으로 'LGBTQIA'의 유래를 설명하려는 시도를 읽어 낼 수 있다.

6
사랑의 양가성과 아름다움의 사다리

세상 사람들이 부르는 노래, 특히 대중이 즐겨 부르는 노래의 주제는 대부분 '사랑'이라고 해도 과언이 아닐 것이다. 우리나라 최초의 시이자 노래로 전해지는 〈공무도하가〉도, 고구려 유리왕이 지었다는 〈황조가〉도 사랑을 노래한다. 양희은은 〈사랑 그 쓸쓸함에 대하여〉에서 "도무지 알 수 없는 한 가지, 사람을 사랑하게 되는 일, 참 쓸쓸한 일"이라고 노래한다. 김광석은 "너무 아픈 사랑은 사랑이 아니"라고 한다. '내 눈에 눈물, 니 눈에 피눈물, 사랑 갖고 장난치지마'라는 요즘 젊은이들의 노래도 노랫말의 서정성은 현저히 줄어들었지만 사랑을 노래하기는 매한가지다. 다들 사랑을 노래하고 사랑을 말하지만 이승철의 노래처럼 사랑은 "참 어렵다." 사랑은 가장 부드럽고 온화하고 평화로운 것일 텐데 최근 불거지는 '데이트 폭력'처럼 어둡고 더럽고 사나운 것이 되기 일쑤다. 아마도 그래서 그토록 오랫동안 텔레비전에서는 〈사랑과 전쟁〉이라는 제목의 프로그램이 방영되었는지 모른다.

　디오티마는 이런 사랑의 양가성兩價性, ambivalence을 이렇게 설명한다. 아프로디테가 태어났을 때 신들이 잔치를 열었다. 이 자리에는 포로스Poros(방책, 꾀)도 있었다. 잔치가 벌어지면 으레 그렇듯 구걸하러 오는 이가 있었는데 페니아Penia(궁핍, 결핍)이다. 포로스가 넥타르에 취해 제우스의 정원으로 들어가 잠들자 페니아가 동침하여 아이를 낳았는데 이 아이가 에로스이다. 아름다움의 여신 아프로디테의 생일날 태어난 에로스는 아프로디테의 추종자이자 심복으로서 아름다운 것을 사랑하는 자가 되었다. 이런 에로스 탄생 신화, 에로스의 기원은 오직 이 『심포시온』에서만 발견된다. 여기서는 아프로디테의 아들이라는 일반적 견해와는 달리 포로스와 페니아의 아들로 등장한다. 에로스는 포로스를 닮아서 아름다운 것들과 좋은 것들을 얻을 계책을 꾸미고, 용감하며 능수능란하고 지혜를 사랑한다. 또 에로스는 페니아를 닮아서 늘 가난하고 거칠며 집도 절도 없이 맨바닥에서 자고 결핍 속에서 산다. 사랑의 양가성에 대한 절묘한 신화적 표현이다. 사랑은 그 자체로 좋기만 한 것, 우아한 것, 아름다운 것이 아니요, 포로스적인 것과 페니아적인 것이라는 두 얼굴을 지니고 있다.

소크라테스는 가상의 인물인 여사제, 제사장이라는 디오티마로부터 들은 이야기를 소개하는데, 이 부분에 '이데아 이론'이 개진된다. 우리는 수많은 '아름다운 것'들을 우리의 눈, 육안으로 본다. 이 아름다운 것들은 감각의 대상으로서 끊임없이 생성되고 소멸한다. 그런데 아름다운 것을 아름답게 만드는 것은 무엇인가? 아름다운 것은 어떻게 해서 아름다운가? 아름다운 것을 아름다운 것으로 되게 하는 것, 곧 '아름다움 자체'는 '아름다운 것'과는 달리 우리의 육안으로 포착되지 않는다. 그것을 포착하는 것은 이를테면 우리의 심안이다.

아름다움 자체는 감각의 대상이 아니라 지적 직관의 대상이다. 이 지적 직관의 대상을 플라톤은 '이데아'라고 부른다. 끊임없이 변화를 겪는 사물과 달리 이데아는 언제나 한결같다. 이데아는 불멸의 본성, 즉 실재성實在性을 갖는다. '아름다운 것'은 여럿이지만 '아름다움 자체', '아름다움의 이데아'는 하나이다. 미인은 수없이 많지만 그 미인들을 '아름다운 사람들'로 만드는 '아름다움의 이데아'는 오직 하나이다. 플라톤이 우리에게 요구하는 것은 육안으로만 보려고 하지 말고 심안으로도 볼 줄 알라는 것이다. 심안이라는 눈을 뜨라는 것이다. 참으로 있는 것은 이데아들뿐이기 때문이다.

아름다움의 이데아를 파악하기까지의 과정은 아름다움의 큰 바다를 항해하는 일로 비유할 수 있다. 우선 우리는 어떤 이의 몸의 아름다움, 곧 한 육체의 아름다움에 주목한다. 그런 다음에는 어느 한 사람의 몸이 아닌 모든 육체의 아름다움에 눈을 뜬다. 또 그다음으로는 행실의 아름다움, 법의 아름다움, 혼의 아름다움을 향해 나아간다. 이런 과정은 아름다움의 큰 바다를 항해하는 것이요, 아름다움의 사다리를 한 계단 한 계단 오르는 것이다. 플라톤은 그러다 어느 날 갑자기, 별안간, 불현듯, 순식간에, 문득exaiphnes '본성상 아름다운 어떤 놀라운 것'을 직관하게 된다고 한다. 이 '본성상 아름다운 어떤 놀라운 것'이란 플라톤의 표현 방식으로는 다른 곳에서 '아름다움', '아름다움 자체', '하나의 아름다움', '신적인 아름다움', '아름다움의 이데아'라고 불렸던 것이다.

세창사상가산책 │ PLATON

7

마그네시아의 법을 세우다

1
마지막 열정

플라톤 저술 역정의 맨 마지막 작품 『법률』은 여타의 것들과는 구별되는 점을 갖는다. 다른 대화편들은 의심의 여지 없이 플라톤이 직접 출판한 것으로 보아야 한다. 그런데 디오게네스 라에르티오스가 전하는 바에 따르면 오푸스Opus 사람 필립포스Philippos가 밀랍 서판蜜蠟書板, keros에 적힌 상태로 있던 플라톤의 『법률』을 옮겨 적었다고 한다. 그러니까 나이 80의 플라톤은 『법률』을 밀랍 서판에 쓰기는 했지만 파피루스 두루마리에는 옮겨 적지 못한 상태로 임종을 맞은 것이다. '옮겨 적었다'로 번역한 희랍어는 학자에 따라서는 '고쳐 적었다'로 이해하기도 한다. 방대한 분량의 『법률』을 '옮겨 적거나' 아니면 '고쳐 적는' 데에 아마도 한두 해가 소요되었을 것으로 추정한다. 어쨌든 『법률』은 플라톤이 생전에 출판을 완료하지 못한 것으로 보이는 작품이다.

이 대화편의 희랍어 제목 '노모이Nomoi'는 '노모스nomos'의 복

수 형태이다. 노모스는 관습, 인습, 관례, 법을 뜻한다. 이 대화편은 디오게네스 라에르티오스에 의해 '법 제정에 관하여 peri nomothesias'라는 부제가 붙어 전해진다. 작품 안에서도 '정치 체제와 법률에 관하여peri politeias kai nomon'라는 표현이 나온다. 등장인물 세 사람의 조국 크레테, 스파르타, 아테네는 각각 미노스, 리쿠르고스, 솔론이라는 뛰어난 입법가를 배출한 나라들이다. 『법률』은 제1권 첫머리에서 아테네 사람이 '법률 제정에 공이 있는 것이 신인지 인간인지' 묻는 것으로 시작된다. 이 문장의 희랍어 표현에서는 첫 단어가 테오스theos, 곧 '신'이다. 방대한 『법률』 전체가 '신'이라는 단어로 시작된다는 점에 주목하는 학자도 있다. 아테네 사람의 물음에 대해 클레이니아스Kleinias는 "신이지요. 가장 옳게 말해서 신입니다"라고 답한다. 여기에서도 '신'이 두 번 반복된다. 이렇게 신을 강조하는 것은 법과 정치 체제의 근본과 토대를 세우는 일이 얼마나 중요한 일인지를 나타낸다고 할 수 있다.

　『법률』에는 모두 3명의 인물이 대화하는 것으로 되어 있다. 그런데 으레 등장하는 소크라테스가 보이지 않는다. 『법률』 바로 전에 집필된 『필레보스』에도 소크라테스가 등장할 뿐만 아니라 플라톤이 소크라테스라는 가면을 쓰고 주장을 편다는 것이 플라톤 대화편들의 주된 특징이다. 그런데 시기적으로 맨 마지막 작품인 『법률』에서 소크라테스라는 이름은 자취를 감춘다.

3명의 등장인물은 크레테 사람 클레이니아스, 라케다이몬 사람 메길로스Megillos 그리고 아테네 사람이다. 셋 다 역사적 인물이 아니라 플라톤이 내세운 가상 인물이요, 지혜와 경험이 풍부한 노인으로 그려진다. 클레이니아스는 마그네시아Magneisia의 입법을 위임받은 자로서 나머지 두 사람을 초대한 것으로 되어 있다. 메길로스는 셋 중 가장 연장자이다. 아테네 사람은 셋 중 나이는 가장 적지만 시종 대화를 주도하는데, 이름은 끝내 밝혀지지 않는다. 제5권은 맨 끝의 한마디를 빼고는 혼자 발언하고, 제12권에서도 거의 대부분의 발언을 독점한다. 그렇다면 아테네 사람은 다른 대화편 같으면 등장인물 소크라테스가 한 역할을 『법률』에서 하고 있다고 할 수 있겠고, 결국 플라톤 자신이라고 보아야 할 것이다.

3명의 등장인물은 크레테 크노소스Knossos에서 제우스의 동굴과 성소로 가는 길에 대화를 나눈다. 그런데 제우스의 동굴과 성소는 크레테에 3개나 있다. 이 셋 가운데 이들이 향해 가는 곳은 크노소스 서남쪽 이다Ida산의 동굴과 성소로 보인다. 제우스가 딕테Dikte 동굴에서 태어나 크로노스 몰래 옮겨져서 성장하며 어린 시절을 보냈다는 동굴이다. 대화의 시간적 배경은 일 년 중 낮이 가장 길다는 하지 무렵으로 보인다. 더위로 숨이 막힐 지경이라 도중에 키 큰 나무들 사이 그늘진 쉴 곳을 찾아간다는 표현이 나온다. 크레테의 전설적 입법가 미노스가 법과 정치 체제에 관한 제우스의 가르침을 받기 위해 9년마다 걸었다는 길을 3명이 다시 걸으면서 마그네시아의 법과 정치 체제를 모색한다.

2
교육 국가를 지향하다

『법률』은 플라톤의 마지막 작품으로서 양적으로 보아 전체 저술의 1/5에 달한다. 이 작품은 양적으로 방대할 뿐만 아니라 국가, 법률에 대한 논의, 윤리학적 논의, 문화철학적 논의 등 다양한 주제들을 다루고 있다. 예거W. Jaeger는 이 다양한 주제들이 결국 파이데이아 즉 교육 개념으로 포괄되며, 파이데이아야말로 플라톤의 첫 단어이자 마지막 단어라고 말한다.[16] 전적으로 교육의 문제만을 다루고 있는 것은 제7권이지만, 교육의 문제가 『법률』의 처음부터 끝까지 관통되어 있다고 볼 수 있다. 또 『법률』 자체가 마그네시아의 최선의 교재라고도 주장된다(『법률』 811c-812a).

『법률』에서의 교육은 『국가』에서의 그것과 근본적으로는 같다고 할 수 있다. 『법률』에서의 교육론은 훨씬 상세하고 구체적이며 어떤 사안의 경우에는 그 요구 수준이 더 높다. 진정한 의미의 파이데이아는 바른 양육orthe trophe으로서 어려서부터 완전한 시민이 되도록 애쓰고, 정당하게 다스리고 다스림을 받을 줄 알도록 만드는 것이다(『법률』 643d-e). 『법률』 전체에 걸쳐 '교육paideia'과 '양육trophe'이 수차례 함께 묶여 등장한다는 점을 주목할 필요가 있다. 반면에 돈 버는 재주라거나

---

16 W. Jaeger, *Paideia*, 3. Bd., Berlin, 1947, S. 289.

몸을 튼튼하게 하는 것을 목적으로 삼는다든가 지성과 올바름이 결여된 것은 천박하고 부자유스러운 것으로서 교육이라고 부를 가치가 없다고 한다(『법률』 644a). 플라톤은 참된 의미의 교육과 직업 교육을 구분하고 있는 것이다.

교육은 언제 이루어지는가? 인간은 요람에서 무덤까지 교육되어야 한다. 교육이 시행되는 시기를 임신한 상태로부터 잡아서 태교, 유아 교육, 조기 교육을 강조하는 것도 『국가』와 다른 점 가운데 하나이다. 플라톤이 교육이 일찍 시작될수록 바람직하다고 보는 까닭은 한 인간의 생애에서 몸과 마음이 여물지 않은 시절이야말로 잘못 다루어지면 크게 손상을 입는다고 보기 때문이다. 그래서 교육은 잉태의 순간부터 시작된다. 술에 취해 잉태가 이루어져서는 안 된다(『법률』 775c).

플라톤은 태아의 교육도 거론한다. 미래의 어머니들은 산책을 함으로써 태아가 뱃속에서 부드럽게 운동하도록 해야 한다(『법률』 789a 이하). 취학 전 아동의 경우에는 단계별로 생후 3년까지의 교육, 세 살에서 여섯 살에 이르는 시기의 교육, 여섯 살 이후의 교육으로 나뉘어 논의된다. 우선 태어나서 걷게 되기까지의 시기에는 운동을 시키고 바람을 쏘여야 한다. 특히 너무 일찍 걸음마를 시켜서 다치는 일이 없도록 해야 한다. 아기는 마치 바다에 떠 있는 것처럼 보살펴야 하고 이리저리 부드럽게 움직여 주고 노래 불러 주어야 한다(『법률』 789e-790e). 이 시기에는 아기가 소리 지르고 흥얼거리는 것이 노래로 이어지고, 차고 뛰는 것이 춤으로 이어지도록 유도하는 것이 중요하다.

세 살부터 여섯 살까지의 아동들은 마을의 놀이 집단에 참여하여 매일 여러 신전들을 돌면서 뛰놀게 한다. 이때 아동들이 자신들의 놀이를 스스로 만들어 가게 놔두는 것이 상책이다(『법률』 791d-793d). 교육의 수장이 지명한 열두 여인들로 구성된 위원회가 이 시기의 양육 전반을 감독한다. 나라를 열두 구역으로 나누고, 각 위원은 최소한 일 년에 한 번은 구역 내의 모든 신전들과 행사들을 방문하여 양육이 제대로 이루어지는지 점검한다. 세 살부터 적절한 처벌을 가하는 것이 좋은데, 아동의 자존심을 상하게 하는 일이 없도록 해야 한다.

학교 교육은 여섯 살에 시작된다. 플라톤은 사람됨의 얼개가 짜여지는 기본 교육을 의무화할 것을 인류 역사상 처음으로 주장한다. 플라톤이 의무 교육론을 제기하는 논거는 아이들이 부모에게 속한다기보다는 공동체에 속한다는 것이다. 이 점을 거스리W. K. C. Guthrie는 스파르타에서 영향받은 것으로 본다. 리쿠르고스는 아이들이 아버지에 속하는 것이 아니라 나라의 공유물이라고 보았다고 한다.[17]

여섯 살 이후의 교육에서 소년과 소녀는 분리되어 소년은 소년끼리, 소녀는 소녀끼리 모여 교육받는다. 교육을 담당하는 교사들은 외국인이며 나라로부터 보수를 받도록 되어 있다. 특이한 것은 이 시기에 아동들이 양손잡이로 훈련되어야 한다는 점이다. 스키타이 사람들이 오른손으로도 왼손으로도 활을 쥘 수 있는 것처럼, 양손을 자유자재로 쓰는 것은 마치 두 개의 오른손을 갖는 것과 같아서 커다란 실익이 있다고 한다(『법률』 794d-795d).

교과 교육은 우선 체육과 시가 교육으로 나뉘는데, 이 두 가지는 각각 몸과 마음의 훈련에 해당한다. 체육은 다시금 무용과 레슬링으로 나뉘며, 이 두 가지는 모두 군사 교육의 관점에 주목해서 시행된다(『법률』 796a-d). 시가 교육에서는 시가

---

17 W. K. C. Guthrie, *A History of Greek Philosophy*, vol. V, Cambridge, 1978, p. 346 및 n. 4.

가 기질이나 성격의 모방이라는 점이 강조된다. 이러한 모방의 기준은 한결같이 유지되어야 한다. 따라서 이집트 사람들이 그렇게 하듯 일단 확립된 시가의 형태는 바뀌어서는 안 된다. 법률 수호관이 이 중요한 일을 감독한다. 법률 수호관은 『법률』에서 교육 총책임자의 다른 이름 가운데 하나로 등장한다. 신들을 기리는 축제에서 경건하지 못한 합창들은 배제된다. 시인들의 작품들은 법률 수호관의 검열을 통과한 경우에만 유포될 수 있다. 소년들과 소녀들에 허용되는 노래들도 구별되어서, 소년들에게는 고상하고 씩씩한 노래들이, 소녀들에게는 부드럽고 순수한 노래들이 권장된다(『법률』 797a-802e).

다음으로 읽기와 쓰기는 열 살에서 열세 살까지, 리라 연주를 중심으로 한 음악은 열세 살에서 열여섯 살까지 교육된다. 읽고 쓰는 데에 충분한 문자 교육을 시행하지만, 빠른 속도와 예쁘게 쓰기는 진도가 더딘 학생들에게 요구되지 않는다(『법률』 810b). 이 단계에서 어떤 읽기 자료를 학생들에게 제공하느냐 하는 것은 교육 총책임자의 소관이다. 모든 문헌들이 교재로 적합한 것은 아니며 최상의 교재로 플라톤은 『법률』 자체를 든다. 교사는 『법률』을 연구해서 학생들에게 가르쳐야 한다.

그 밖에 교육되어야 할 것은 수론, 기하학 및 천문학인데, 이 교과들을 어떤 연령에서 배워야 하는지는 명시되어 있지 않다. 이러한 교과들은 실생활에 쓸모 있을 정도에 그치고, 아주 높은 단계에까지 가르쳐지지는 않는다. 예컨대 수론은 가계를 꾸려 가고 국가를 경영하며 전쟁을 치르는 데에 충분한 정도면 되고, 천문학은 날, 달, 해를 계산해 축제와 신들을 기리는 일을 수행하는 데에 충분한 정도면 족하다. 그러나 반드시 배워야 할 한 가지가 제시되는데, 그것은 무리수가 존재한다는 사실이다. 이것을 모른다는 것은 뼈아픈 일이요, 흔히 플라톤으로 간주되는, 『법률』의 논의를 이끌어 가는 아테네 사람 자신도 나이가 들어서야 배웠다면서 이것을 몰랐을 때의 돼지 같은 무지함을 부끄러워한다(『법률』 820a-b).

논의는 여기에서 그치지 않고 성인 교육이 이루어지는데, 교육은 고령의 나이에 이르도록 계속된다. 오늘날의 조기 교육 및 평생 교육의 이념을 플라톤에게서 찾을 수 있다.

제1권과 제2권에서는 교육에 있어서 유희의 중요성이 강조된다. 이 점은 보다 전문적인 교육 과정이 그려지는 제6권과 제7권에서도 다시 등장한다. 수는 아주 어려서부터 배우는 것이 좋은데, 유희를 통해서 가장 잘 배울 수 있다고 한다. 예를 들어서 사과를 어린아이들 사이에서 나누어 갖는 놀이 같은 것이 그것이다.

놀이 혹은 유희를 뜻하는 희랍어 '파이디아paidia'는 파이데이아paideia와 그 어원을 함께한다. 파이디아는 단순히 오락이나 놀이를 뜻하는 것이 아니다. 어린아이들은 놀이를 통해 교육된다. 플라톤에 있어서 파이디아는 교육적으로 가치 있고 진지한 것으로 간주된다.[18] 『법률』 803c에서 804b에 걸쳐 인간의 삶은 유희로 규정된다. 진지함과 유희 사이의 구별에 있어서 각별히 주의해야 한다고 한다. 예컨대 사람들은 전쟁은 진지함이요 평화는 유희라고 생각하기 쉽지만 평화는 전쟁보다 더 진지한 것이다. 유희로 간주되는 많은 것들이 실제로는 대단히 진지한 것들이다.

교육이 중요한 만큼 교육 총책임자의 위상은 각별하다. 교육은 결코 부차적인 문제로 다루어져서는 안 된다. 그런 까닭에 교육의 수장首長은 플라톤의 국가에서 최고위직이 된다. 이

---

[18] paidia의 의미는 W. K. C. Guthrie, *A History of Greek Philosophy*, vol. IV, pp. 61-62 참조.

직위는 '교육 총책임자', '아동 관리 책임자', '아동 총책임자', '시가 관리 책임자', '교육관' 등 여러 가지 표현으로 지칭되고 어떤 경우에는 '법률 수호관'이라고도 불린다. 교육을 책임질 사람은 50세 이상인 자로서 아들이나 딸, 더 바람직하기로는 아들과 딸을 함께 둔 아버지여야 한다.

평의회와 각종 위원회의 위원들을 제외한 관리들 전체가 아폴론 신전에 들어가서 선출하게 되는 교육의 수장은 5년 동안 교육 전체에 대한 책임을 진다. 즉 교육의 수장은 첫째로 교육 전체를 관리·감독하고, 둘째로 체육과 시가 교육, 각종 경연대회와 축제를 관리·감독하며, 셋째로 이러한 막중한 임무를 보조할 사람들을 임명하고 감독하며, 넷째로 교사들에게 지시를 내리고, 다섯째로 읽기와 쓰기 수업에 적절한 교재를 선별하고 문학 작품들의 경우 대중들에게 유포되기에 적합한지를 검열하며, 여섯째로 교육 총책임자로서의 임기 중에는 물론이요 그 이후에도 종신토록 야간회의ho nykterinos syllogos의 일원이 되며, 마지막으로 외국의 국빈을 상대하게 되어 있다.

『법률』에서의 교육은 남녀 평등 교육을 지향한다. 남녀에게 동등한 교육 기회가 부여되어야 한다. 따라서 교육은 '소년들과 소녀들 모두의 교육'이어야 한다. 소년들과 소녀들 모두가 무용과 체육을 배워야 한다. 심지어 소녀들에게도 군사 훈련이 부과된다. 육체적으로 여자가 남자만큼 강하지 못한 것은 사실이다. 그러나 이 점이 여자가 할 수 있는데도 하지 못하게 할 근거는 되지 못한다. 여인들의 가사 노동량을 줄여 주어야 한다.

플라톤은 민주 시민 교육, 전인 교육, 조기 교육, 평생 교육, 남녀 평등 교육의 이념을 제시했으며 사람됨의 얼개가 짜여지는 기본 교육을 의무화해야 한다는 의무 교육론과 그러한 교육을 국가가 담당해야 한다는 공교육론을 펼쳤고, 교육 과정에 있어서의 체벌의 기준까지도 제시했다. 그의 파이데이아 이념이 갖는 의미는 무엇보다도 오늘날에 이르는 장구한 세월에 걸친 영향력에 있다고 할 것이다. 로마 시대는 물론이요 중세와 근세를 거쳐 현대에 이르기까지 교육을 둘러싼 각종의 논의들은 플라톤이 개진한 파이데이아 이념에서 물줄기를 끌어왔다. 교육에 관한 플라톤의 생각 중 어떤 측면에 대해서는 많은 비판이 쏟아진 것도 사실이지만, 그러한 비판들을 가능케 했다는 것도 플라톤 교육철학의 영향력 가운데 하나인 것이다.

  교육의 위기가 우리 시대의 일반적인 증후가 된 것으로 보인다. 독일어권에서 교육의 위기를 뜻하는 '빌둥스크리제 Bildungskrise'란 표현은 이미 일상 언어로 편입되었다고 말해도 과언이 아닐 것이다. 교육의 위기를 외치는 소리가 크면 클수록 플라톤의 파이데이아 이념을 되돌아보는 것도 의미 있는 일이 될 것이다.

8

학문과 교육의 상징이 되다

1

지혜의 샘 아카데미아

소포클레스Sophokles는 『콜로노스 숲의 오이디푸스』에서 케
피소스Kephisos의 풍광을 이렇게 노래한다.

친구여, 그대는 세상에서 가장 빼어난 곳

여기 명마名馬로 이름난 곳

하이얀 벼랑의 땅, 콜로노스에 왔노라.

여기 밤꾀꼬리가 집을 짓고

어둠 속 깊은 곳에서 쟁쟁하게

슬픈 노래를 흐느끼듯 부른다.

그들 포돗빛 담쟁이덩굴에 기꺼이 머물며

마치 신의 숲이기라도 한 듯

잎새 무성하고, 열매 한껏 맺어 그늘진 곳

성스럽고 폭풍우에도 끄떡없는 안온한 곳에 머무는도다.

저기 디오니소스, 도취된 자

한때 자기를 키운 님프들과 더불어 기꺼이 거닌다.

하늘의 이슬 아래
장한 두 여신의 더할 나위 없는 장식인 양
여기 탐스러운 꽃송이로 나르시스는 피어나고
크로커스 또한 황금빛으로 피어난다.
케피소스의 물길은 마르는 법이 없으며 잠들지 않고
쉼 없이 강으로 흘러든다.
나날이 그리고 또 영원히
대지의 넓은 가슴, 들판을 내달려
맑고도 영롱한 물기로 거듭 열매를 맺어 주나니.
거기 님프의 합창도 황금 고삐를 쥔 아프로디테도
멀지 않은 곳에 머문다.

　에우리피데스의 『메데이아*Medeia*』에서 합창단은 케피소스
계곡을 이렇게 노래한다.

　에렉테우스의 후손, 오랜 옛날부터 축복받은 자들이여

너희 이 신성한 땅의 자식들

결코 범할 수 없는 저 성스러운 땅에서

빛나는 지혜의 샘으로 목을 축이고

창공의 밝은 빛 가운데에서 노니는도다.

아홉 무사 여신들이 그 옛날 하르모니아를 품었던 곳도

바로 이곳이라네.

케피소스강의 감미로운 흐름

아프로디테 여신이 그 물을 길어 올리고

온화하게 흐르는 대기는 이 땅 위에

상쾌한 입김 부드럽게 불어 댄다.

장미꽃 향기로운 화관을 쓴 머릿결 나부끼고

예지와 모든 훌륭함의 조력자인

사랑의 신들을 보내 주도다!

두 시인이 노래하는 케피소스강은 아테네 성곽에서 서쪽으로 대략 1킬로미터 떨어진 곳에서 바다로 흘러들어 간다. 아티카 지방에서 가장 비옥한 지역인 이곳에 플라톤의 부친이 소유한 장원莊園이 있었다. 디오게네스 라에르티오스가 전하는 바에 따르면 플라톤의 아버지는 아이기나섬에 다른 이들과 공동으로 토지를 소유했는데, 이 섬의 원주민들을 도우러 온 라케다이몬 사람들이 외지인들을 추방할 때 아테네로 귀환했다고 한다. 플라톤 아버지의 생활 터전이 아이기나섬에서 케피소스 일대로 바뀐 것이다. 더 나아가 디오게네스 라에르티오스는 플라톤이 태어난 것도 아이기나섬이라는 보고가 있다고 한다. 그러나 이런 기록을 남긴 디오게네스 라에르티오스 자신마저 플라톤의 탄생지가 아이기나라는 보고에 대한 회의를 표한다.

플라톤이 어디에서 태어났는지는 확실하게 말하기 어렵다. 확실한 것은 플라톤이 케피소스 일대에서 성장했고, 여기에서 죽고 묻혔다는 사실이다. 무엇보다도 플라톤 생애의 터전인 이곳이 한층 의미를 획득하는 것은 바로 이곳에 플라톤이 아카데미아를 세웠기 때문이다. 에우리피데스가 이 일대를 두고 "빛나는 지혜의 샘"이요 "아홉 무사 여신들이 그 옛날 하르모니아를 품었던 곳"이라고 노래한 것은 어쩌면 장차의 아카데미아를 내다보기라도 한 것 같은 예언자적 통찰로 보이기도 한다.

이곳 케피소스 계곡에 아카데미아Akademia, Akademeia, Hekademeia
라는 이름의 성역이 있었는데, 이 이름은 '영웅 아카데모스
Akademos, Hekademos를 기리는 곳'이라는 뜻이다. 1968년에 수로
작업을 하던 중 아카데미아 북쪽에 세워져 있던 경계석이 발
견되었다. 대략 기원전 507년으로 추정되는 클레이스테네스
시대의 이 경계석에는 "Horos thes Hekademeias"라는 글귀가
쓰여 있는데 이는 '아카데미아의 경계'라는 뜻이다. 이 경계석
이 서 있는 곳은 아카데미아 성역의 북쪽 끝이다.

아카데미아의 터가 아버지로부터 물려받은 땅이었다는 점
에서 아카데미아는 사회·경제적으로는 상속 재산에 해당한
다. 나중에 플라톤이 세상을 뜨고 아카데미아를 그의 조카 스
페우시포스Speusippos가 물려받는 것은 바로 이런 점 때문이다.
플라톤은 평생 독신이었고, 스페우시포스는 누이동생 포토네
Potone의 아들이다. 플라톤의 제자들 가운데 가장 뛰어난 이는
단연 아리스토텔레스인데, 그런 그가 아니라 조카 스페우시
포스가 아카데미아의 수장이 되는 것을 두고 친인척 쪽으로
기운 플라톤도 어쩔 수 없다느니 아리스토텔레스가 반감을

품고 아카데미아를 떠났다느니 말하는 것은 사실과 전혀 다른 억측일 뿐이다. 아리스토텔레스가 스페우시포스의 계승을 못마땅해할 이유도 없었으며, 나중에 그가 아카데미아를 떠나게 된 것은 스페우시포스 이후 아카데미아의 학문 경향이 지나치게 수학화하는 데에 대한 반발이라고 한다. 경험을 강조하는 아리스토텔레스로서는 학문 방향성을 두고 반발하지 않을 수 없었을 것이다.

아카데미아에서의 하루 일과는 여러 대화편들에서 볼 수 있듯이 무사 여신들을 부르는 것으로 시작되었다. 군대의 일과가 아침 점호로 시작되듯이 말이다. 『크리티아스』의 서두에서 헤르모크라테스는 이렇게 말한다. "그러므로 … 아폴론 신과 무사 여신들을 불러내 옛 시민들의 훌륭함을 드러내 보이고 찬양하는 것은 당연합니다." 아침마다 무사 여신들에게 제물을 바치는 것이 아카데미아의 확고한 관행이었다. 아폴론 신도 아카데미아의 경배 대상이다. 그리스 신화에서 아폴론은 '무사 여신들을 이끄는 자mousagetes'이기도 하다. 아폴론 신이 아카데미아에서 얼마나 중요한 의미를 지니고 있었는가 하는 것은 아테네 사람들이 플라톤의 생일을 아폴론 신의 생일로 경축하는 타르겔리온Thargelion 달의 일곱째 날에 치렀다는 사실에서도 확인할 수 있다. 현대의 그리스 아카데미, 아테네 학술원 건물 앞에 아폴론이 서 있는 것은 우연이 아니다.

아카데미아에서는 금욕적인 공동생활을 했던 것으로 전해진다. 잠을 적게 자고 성적 교섭을 억제하며, 고기를 먹지 않는 등의 규율도 있었는데 그런 금욕 생활이 혼을 순수하게 해서 결국 지적 능력을 고양한다고 여겼다고 한다. 또한 아카데미아에서는 감각적 지각의 대상과 지적 직관의 대상을 엄격히 구분하는 것이 중요했는데, 그 중간에 있는 것이 수라든가 도형 같은 수학적인 대상이라고 보았다. 가령 종이 위에 삼각형을 그린다고 해 보자. 아무리 정교한 자를 대고 그린다고 해도 우리는 삼각형 자체를 종이 위에 그릴 수 없다. 삼각형 자체는 우리 머릿속에만 있다.

감각적 지각의 대상에만 매이지 말고 지적 직관의 대상을 볼 줄 알아야 한다는 것이 플라톤 이데아 이론의 기본 주장인데, 이런 지적 직관의 대상을 인식하려면 그 전 단계인 수학적인 것을 통한 훈련이 필요하다. 아카데미아 입구에 걸려 있었다고 전해지는 "기하학을 모르는 자, 이 문을 들어서지 말

라"라는 경고는 감각적 지각의 대상에만 매여 있는 자는 아카
데미아에 입문할 자격이 없다는 의미일 것이다. 실제로 아카
데미아에서는 수학적 교과목이 매우 중시되었고, 에우독소스
Eudoxos나 테아이테토스Theaitetos와 같은 당대의 쟁쟁한 수학자
들이 이곳에서 배출되어 활약했다.

2
아카데미아의 유산

플라톤의 아카데미아와 아리스토텔레스의 리케이온은 고
대 세계의 쌍벽을 이루는 최고 교육기관이다. 둘 다 청소년
들이 옷을 벗고 신체를 단련하는 곳, 체력 단련장 김나시온
gymnasion이 있던 곳에 세워졌고, 무려 1,000년의 세월을 중단
없이 존재하다가 529년 유스티니아누스 황제에 의해 폐쇄되
었다. 아카데미아, 리케이온, 김나시온이라는 명칭은 오늘날
에도 명예롭게 이어지고 있다. 영어권에서 경찰관을 길러 내

는 학교를 폴리스 아카데미police academy, 군인을 양성하는 학교를 밀리터리 아카데미military academy라고 부르는 것이 그 예이다. 매년 봄 열리는 영화계 최고 행사를 '아카데미 시상식'이라고 부르는 이유도 마찬가지이다. 미국 로스앤젤레스에 있는 영화예술과학아카데미Academy of Motion Picture Arts and Sciences, AMPAS의 회원들이 심사한다고 해서 붙여진 이름인데, 이 역시 영화로 말할 것 같으면 플라톤 아카데미에 해당한다는 자부심에서 온 것이다. 프랑스의 중고등학교를 리세lycée라고 부르는 것은 아리스토텔레스의 리케이온에 대한 오마주로 볼 수 있을 것이다. 또 독일의 교육 체계에서 레알슐레Realschule나 하우프트슐레Hauptschule와 구별되는 김나지움Gymnasium은 고대 세계 김나시온을 이어받았다. 무엇보다도 아카데미아는 한 나라의 최고 교육기관을 가리키는 이름이 되었다.

플라톤 아카데미아와 아리스토텔레스 리케이온은 아테네 중심지로부터 각각 서북쪽과 동북쪽으로 비슷한 거리만큼 떨어져 있다. 성 밖의 두 학교 사이에는 길이 나 있었다고 한다. 필자는 그리스 여행 기간 중 어느 더운 여름 날, 전설이 된 두 학교의 터를 찾아 나섰다. 우선 리케이온을 찾아보기로 했다.

30유로짜리 아크로폴리스 통합 입장권을 구매하면 아크로폴리스뿐만 아니라 인근 고대 아고라, 로만 아고라, 하드리아누스 도서관, 올림피에이온, 케라메이코스 그리고 리케이온에도 입장할 수 있다.

아테네 중심 광장인 신타그마 광장에서 지하철 에반겔리스모스 역 사이, 리카비토스 언덕 아래 콜로나키에는 박물관과 미술관이 모여 있다. 그 가운데 비잔틴·기독교 박물관 정문을 바라보고 오른쪽으로 돌아가면 리케이온 입구가 나온다. 큰길에서 좀 비껴서 입구가 위치해 있어서 같은 길을 여러 번 돌고 돌아 겨우 입구를 찾았다. 고대 세계 최고 교육기관의 입구를 큰길에 내지 않은 것을 이해하기 어려웠다. 군대 초소 같은 허름한 입구 사무실도 리케이온의 역사적 의미와 어울려 보이지 않았다. 땡볕에서 힘겹게 리케이온을 둘러보는 동안 필자의 일행 외에 다른 탐방객이 전혀 없어서 고적하기까지 했다.

리케이온을 홀대하는 것 같아서 울적했던 마음은 아카데미아에 비하면 아무것도 아니었다. 먼저 가까운 비잔틴·기독교 박물관으로 가서 입구 사무실 직원에게 플라톤 아카데미아에 가는 길을 물었다. 박물관 직원이라면 잘 알 것이라고 생각한 것이다. 그런데 그 직원이 지도상 가르쳐 주는 것은 필자가 이미 다녀온 파네피스티미우panepistimiou 거리의 아카데미아, 그러니까 그리스 학술원이 아닌가. 지금의 아카데미가 아니라 고대 세계 플라톤 아카데미아라고 말하자 다른 직원을 불러 제법 길게 상의한다. 가져간 지도에 표시를 받고서 이내 택시를 탔는데 여기에서도 똑같은 일이 벌어졌다. 하긴 버스 정류장 '아카데미아'는 플라톤과 소크라테스의 좌상, 아폴론과 아테나 입상이 서 있는 신고전주의 건축물 그리스 학술원 앞에 있다. 택시 운전사의 말로는 플라톤 아카데미아에 가자는 사람은 없다고 한다. 그래서 도착한 광장 한복판에는 그리스 정교 성 게오르고스 성당이 서 있다. 광장 귀퉁이에서 '고고학 유적지 플라톤 아카데미아' 간판을 찾았다. 간판 아래가 입구인데, 출입할 수 없도록 자물쇠가 채워져 있었다. 주변에는 과자 봉지 같은 쓰레기들이 쌓여 있고 지린내가 진동한다.

잘 관리된 정교회 성당과 관리의 손길이 닿지 않은 것으로 보이는 플라톤 아카데미아는 마치 신앙과 이성, 피데스fides와 라치오ratio 사이의 경합에서 신앙의 이성에 대한 압도적 승리를 보여 주는 것 같았다. 고고학 유적지 플라톤 아카데미아가 위치한 콜로노스 구역은 아테네에서도 개발이 지체된 곳이다. 빛바랜 고대의 영광을 쓸쓸하게 확인한 순간이었다.

9

플라톤 해석의 한 방향
— 튀빙겐학파

1
출발을 알리는 두 권의 책

신칸트학파의 일원인 마르부르크학파Marburger Schule나 '비판이론'을 표방하는 프랑크푸르트학파Frankfurter Schule에 비하면 튀빙겐학파Tübinger Schule라는 명칭은 아직 제자리를 확고하게 잡았다고 말하기 어려울 성싶다. 순전히 시간적으로만 보아서 튀빙겐학파가 이 학파들 가운데에 가장 최근의 것이기에 시간이 더 필요하다는 설명도 설득력을 지닐 수 있을는지 모른다.

널리 알려져 있는 프랑크푸르트학파를 놓고 보더라도 여기에서의 '학파'라는 용어가 정확히 무엇을 가리키느냐를 둘러싸고 의견 차이가 있다. 어느 미국 학자가 프랑크푸르트에 일부러 와서는 여러 날 동안 프랑크푸르트학파를 찾았지만 결국 실패하고 돌아갔다는 고전적인 우스갯소리가 있다. 그는 '프랑크푸르트학파'라고 쓰인 간판이나 건물을 찾으려고 했는지 모르겠다. 그래도 프랑크푸르트학파에는 그 중심이 된 '사회조사연구소Institut für Sozialforschung'와 기관지 '사회조사 연구지 Zeitschrift für Sozialforschung'가 있다. 튀빙겐학파에는 이런 것에 비견할 만한 것도 없다는 점에 주목하지 않을 수 없다.

또한 프랑크푸르트학파의 경우에는 호르크하이머Max Horkheimer가 프랑크푸르트 대학교 사회철학 교수 및 '사회조사 연구소' 소장으로 임명되고, 이와 동시에 '사회조사 연구지' 발행인이 된 1930년을 그 출발점으로 삼기에 무리가 없어 보인다. 반면에 튀빙겐학파의 경우에는 그 시작을 명확하게 지적하기도 어렵다. 이렇게 볼 때 학파라 불리는 여러 경우 가운데에서도 튀빙겐학파야말로 상대적으로 느슨한 의미에서의 학파라고 할 수 있겠다.

그럼에도 불구하고 우리는 두 권의 책을 튀빙겐학파의 출발을 알리는 신호탄으로 볼 수 있겠다. 우선 그 첫 번째 책은 크래머Hans Joachim Krämer가 1957년 7월에 튀빙겐 대학교에 제출한 박사학위논문을 저본으로 삼아 확장하고 보강한 저서『플라톤과 아리스토텔레스에 있어서의 탁월함』이다. 통상 서지적書誌的으로 출간 장소와 시기가 'Heidelberg, 1959'로 표기되는 이 책에는 저자가 스승인 샤데발트Wolfgang Schadewaldt에게

표하는 감사의 말 이외에 특이하게도 "1958년 7월 9일 볼프 강 샤데발트에 의해 상재되었음Vorgelegt am 9. Juli 1958 von Wolfgang Schadewaldt"이라는 표현이 속표지에 인쇄되어 있다. 이 유례없는 표기 방식은 튀빙겐학파의 출현에 있어서 튀빙겐 대학교 고전문헌학과 교수 샤데발트의 영향력이 얼마나 컸는지를 잘 보여 주기는 하지만, 이 학파가 시작하는 시점을 지목해서 말하는 데에는 엄청난 혼란을 일으킨다.

한 권의 책을 둘러싸고 네 개의 시점이 제시되어 있다. 즉 박사학위논문으로서 튀빙겐 대학교 철학부에 제출된 시점 (1957년 7월), 내용을 확장 보강하여 책의 서문을 저자가 쓴 시점 (1958년 6월), 스승 샤데발트가 상재했다는 이례적 표현에 등장하는 시점(1958년 7월 9일), 출간된 책의 서지적 정보(하이델베르크 1959)가 바로 그것이다. 이 책은 서론과 6개의 장으로 구성되었는데, 이 가운데에서도 처니스H. F. Cherniss의 견해를 반박하는 제4장 '비의적 플라톤의 문제Das Problem des esoterischen Platon'가 튀빙겐학파의 출발점을 이룬다고 할 수 있겠다.

튀빙겐학파의 출발을 알리는 두 번째 책으로는 가이저 Konrad Gaiser의 저서 『플라톤의 문자화되지 않은 이론』을 들지 않을 수 없다. 이 책은 1960년 가이저가 튀빙겐 대학교 철학부에 제출하여 통과된 교수자격논문Habilitationsschrift이 대폭 확장되어 탄생했다. 원래 있던 '수학과 존재론'에 새로 '역사와 존재론'이 추가되어 방대한 책이 되었다. 무엇보다도 중요한 것은 책 뒤에 붙인 「플라톤에 대한 증언, 플라톤의 아카데미아 및 구두 이론에 대한 원천 텍스트TESTIMONIA PLATONICA, Quellentexte zur Schule und mündlichen Lehre Platons」이다. 가이저는 여기에 플라톤의 '문자화되지 않은 이론'에 대한 아리스토텔레스 및 후기 고대철학자들의 증언을 모아 놓았다. 이 자료 모음은 튀빙겐학파의 작업이 구체적 문헌 자료에 대한 고전문헌학적 숙고의 결과물이라는 것을 보여 준다.

제2판 말미에 새로 붙은 '덧붙이는 말Nachwort zur zweiten Auflage'도 주목을 끈다. 여기에서 가이저는 자기 책의 초판이 나온 이래 쏟아져 나온 비의적 플라톤을 둘러싼 각종 연구들 및 자신의 책에 대한 서평들을 일목요연하게 제시한 뒤에 주요 쟁점들에 대해 언급한다. 특히 '쓰이지 않은 것에 대해 쓰기Schreiben über Ungeschriebenes'라는 제목의 비교적 짧은 글에서 『제7서한』을 근거로 삼아 문자는 참된 앎을 가져다줄 수는 없고 기껏해야 그 참된 앎에 이르도록 도와줄 수 있다는 점을 강조한다. 결국 가이저의 책은 본문의 내용도 내용이지만 무엇보다도 책에 실린 「TESTIMONIA PLATONICA」 등을 통해 이후 연구 방향의 성격을 제시했다고 평가할 수 있겠다.

튀빙겐학파라는 명칭을 쓰고는 있지만 실은 여느 학파에 비해 느슨하다는 점이 공간에도 고스란히 적용된다. 상당히 오랫동안 튀빙겐 대학교의 전통은 필로소피아(철학)와 필로로기아(고전문헌학)의 협업이었다. 이 의미 있는 전통은 죽 이어져서 지금도 고전문헌학과 교수 슬레작Thomas A. Szlezák과 맨라인-로베르트Irmgard Männlein-Robert는 동시에 철학과 협동 교수kooptierte Professoren이기도 하다. 사정이 이렇다 보니 누군가 튀빙겐학파를 찾아 길을 나섰다면 1477년에 문을 연 튀빙겐 대학교의 최초 건물들 가운데 하나인 넥카 강변 부르사Bursa에 둥지를 튼 철학과Philosophisches Seminar와 19세기에 새로 조성된 대학가인 빌헬름가Wilhelmstraße 36번지 헤겔관Hegelbau에 자리 잡은 고전문헌학과Philologisches Seminar를 모두 방문해야 할 것이다.

2
오해를 부르는 이름

튀빙겐학파의 주장을 둘러싼 논의에는 바르지 않은 여러 이름으로 인한 혼란과 오해가 강하게 개입되어 있는 것으로 보인다. 가령 프랑크푸르트학파의 주장을 '비판 이론Kritische Theorie'이라고 부르는 관행은 일찌감치 확립되었다. 반면에 튀빙겐학파의 주장의 경우에는 저마다의 관점에서 생겨난 여러 명칭이 등장한다. 우선 서양 고대가 현대에 어떻게 전해졌는지에 초점을 맞춰 '전승Überlieferung'이라는 표현이 쓰였다. 그래서 '간접 전승indirekte Überlieferung', '부차적 전승Nebenüberlieferung', '독소그라피적 전승doxographische Überlieferung'과 같은 용어들이 동원된다.

물론 '간접 전승'은 직접 전승direkte Überlieferung이 아니라는 것을, '부차적 전승'은 주된 전승Hauptüberlieferung이 아니라는 것을 말해 준다. 그렇지만 이런 정도의 정보는 그 가치가 별로 크지 않아서 튀빙겐학파의 주장을 가리키는 이론의 명칭으로 적합하다고 보기 어려울 것이다. 굳이 '전승'을 말한다면 서양 고대의 전통 가운데 하나인 '독소그라피적 전승'이라는 표현이 의미 있을 것이다.

프랑크푸르트학파의 '비판 이론'에 해당하는 이름 역시 튀빙겐학파의 경우에는 한두 가지가 아니다. 첫째로, '문자화되지 않은 이론Ungeschriebene Lehre'이 있다. 이 이름은 아리스토텔레스 『자연학』 제4권 제2장 209b15에서 쓰인 "이른바 문자화되지 않은 가르침들ta legomena agrapha dogmata"이라는 표현에서 왔다. 줄여서 그냥 '아그라파 도그마타'라고 표기한다. 아리스토텔레스가 『티마이오스』의 '코라' 개념을 언급하면서 쓴 '아그라파 도그마타'라는 표현은 이후 플라톤의 이론을 가리키는 가장 대표적인 이름이 되었다.

크래머는 아리스토텔레스가 예컨대 '아그라포이 렉세이스 agraphoi lexeis'와 같은 어떤 것이 아니라 하필 '아그라파 도그마타'라고 표현한 것에 주목할 필요가 있다고 주장한다. 그는 이 '도그마타'(독일어로 Lehrmeinungen)라는 표현은 문자화된 것과는 내용상 다른 구두의 가르침이 있다는 것을 말해 준다고 본다. '아그라파 도그마타' 및 그 번역인 '문자화되지 않은 이론'은 아리스토텔레스에게서 유래한다는 사실 외에도 '글과 말의 구별과 대립'이라는 문제 의식이 포함되어 있다는 점에서 튀빙겐학파의 이론을 가리키는 명칭으로서 유력한 후보가 될 수 있을 것이다.

둘째로, '비문자적 이론nicht-literarische Lehre'이라거나 '구두口頭 이론mündliche Lehre'과 같은 명칭이 있다. 앞의 '문자화되지 않은 이론'과 별로 다르지 않은 이름이라고 하겠다.

셋째로, '아카데미아 내부의 이론innerakademische Lehre'이 있다. 이 이름은 플라톤이 다수의 독서 대중을 위해서는 대화편들을 썼고, 아카데미아의 소수 구성원을 위해서는 구두로 강의했다는 점을 강조하는 것으로 보인다.

넷째로, '원리 이론Prinzipienlehre' 혹은 '원리 철학Prinzipien-philosophie'이 있다. 이 표현은 크래머와 가이저가 튀빙겐학파의 성립 초기부터 써 온 것으로 널리 알려져 있다. 크래머와 가이저는 '문자화되지 않은 이론'에서 '일자 혹은 일원성hen'과 '규정되지 않은 이자 혹은 이원성aoristos dyas'이라는 두 원리 archai가 중심을 이룬다고 본다.

다섯째로, 튀빙겐학파와 관련해서 불행한 연상 작용을 통해 많은 오해를 불러일으킨 이름으로는 '특수 이론Sonderlehre', '비밀 이론Geheimlehre', '비의적秘義的 혹은 비교적秘教的 이론 esoterische Lehre'이 있다. 이 가운데 '비밀 이론'이라는 표현은 가 다머Hans-Georg Gadamer가 지적하듯이 전적으로 부적절하다. 이 표현은 비교秘教나 밀교密教에서의 은밀한 가르침이라는 종교 적 맥락이나 외부에 알려질 경우 탄압받을 것을 우려한 비밀 결사의 강령과 같은 정치적 맥락을 강하게 연상시켜서, 플라 톤의 '문자화되지 않은 이론'을 오도하게 하기 십상이다. 그런 데 'esoterische Lehre'라는 표현의 경우에는 문제가 복잡하다. 독일어 형용사 'esoterisch', 영어 'esoteric'은 '특수한 관심이나 지식을 지닌 제한된 소수자만이 이해할 수 있는', '선발된 소 수자들에게만 의미를 갖는'이라는 비교적 어원에 충실한 뜻 에서 시작하여 '난해한', '심원한'이라는 뜻을 갖는가 하면, '비 밀스러운', '은밀한'이라는 뜻도 되고, '비교적秘教的', '비전秘傳 의' 정도를 뜻하기도 하는가 하면, 심지어는 '외설스러운', '춘 화春畵의', '포르노의'라는 뜻도 지닌다. 요즈음 서양의 서점엔 거의 예외 없이 'esoterica'라는 분류 간판을 단 서가가 있다. 이 이름 아래 전시되고 판매되는 책이란 대개 탄생 별자리로 운명 알아보기, 수 신비주의, 서양 신비가들의 묵상집 등이다. 'esoterische Lehre'라는 표현은 경우에 따라서는 '비밀 이론'의 동의어로 쓰이기도 하고, '비의적 플라톤esoterischer Platon'이라거나 '비교적 플라톤주의esoterischer Platonismus'라는 연관 표현을 낳기도 한다.

그런데도 우리가 'esoterische Lehre'라는 표현을 버리기를 망설이는 것은 고대 희랍에서 'exoterika'와 'esoterika'의 구별이 일반적이었다는 사실에 그 이유가 있다. 'exoterika/esoterika'의 구별은 'exo'와 'eso'가 드러내듯이 일차적으로는 '대외적/대내적'의 구별을 의미하고, 더 나아가 '공개적/비공개적' 혹은 '대중적/전문적'의 구별을 의미하고, 이를 넘어서서 사상이 전달되는 대상과 관련하여 '철학과 무관한 다수hoi polloi/엄격한 철학적 훈련을 받은 소수hoi oligoi', 플라톤의 아카데미아와 관련해서는 '아카데미아 밖의 사람들/아카데미아의 구성원들', 사상이 전달되는 매체와 관련하여 '글/말', 또 다른 관점에서는 '독서 대중/청중', '읽기/듣기'라는 구별로 이어진다. 이렇게 볼 때 '특수 이론'이나 '비밀 이론' 등으로 오해되지만 않는다면 풍부한 설명력을 지녔을 뿐만 아니라 역사적으로 전승되어 온 표현인 'exoterika/esoterika'라는 개념 쌍을 살리는 것이 좋을 것이다.

3
논쟁의 중심에 선 두 권의 책

1967년 9월 21일에서 23일까지 사흘간 가다머는 당시 자신이 재직하고 있던 하이델베르크 대학교 인근 작은 마을 로이터스하우젠Leutershausen에서 플라톤 해석을 주제로 한 학술 집담회를 연다. 이 시기는 1968년에 대학에서 물러나는 가다머가 "독일 철학계의 1인자 혹은 최고령자Nestor der deutschen Philosophie"라는 영예로운 호칭으로 불리던 때로, 튀빙겐에서 시작한 새로운 플라톤 해석을 둘러싼 격렬한 논쟁의 흐름 속에서 거장이 조정 역할을 자처했다고 볼 수 있을 것이다.

현대 해석학의 거장인 가다머는 서양 고대철학에도 깊은 관심을 갖고 있었는데, 애당초 이 모임을 제안한 것은 튀빙겐 대학교 고전문헌학 교수 샤데발트였다고 한다. 독일 학술진흥재단Deutsche Forschungsgemeinschaft의 지원을 받은 이 학술 행사를 주도한 가다머는 이 모임을 보고하면서 여러 정황으로 인해 독일 이외의 나라 학자들이 많이 참석하지 못한 데에 대한 아쉬움을 나타냈다. 모두 24명의 참석자 가운데 독일이 아닌 곳에서 온 학자는 네덜란드의 포헐C. J. de Vogel과 오스트리아의 된트Eugen Dönt였다.

이 집담회에 참가한 학자들의 면모를 살펴보면 이 행사의 무게를 짐작할 수 있다. 당시 서양 고대철학 분야 일급의 연구자들이 총망라되어 있다. 샤데발트의 대학인 튀빙겐 대학교에서 4명, 가다머의 대학인 하이델베르크 대학교에서 4명이 참가해서 두 사람과 관련된 연구자가 도합 8명으로 전체 참가자 가운데 1/3을 차지한다는 점도 이 모임의 특징으로 꼽을 수 있겠다. 프라이부르크 대학의 2명까지 감안하면 이 세 대학이 위치한 독일 남서부 바덴뷔르템베르크주의 대학들이 주도적이었다는 것을 확인할 수 있다.

가다머는 이 집담회를 보고하면서 철학과 고전문헌학의 연구자들이 대등한 비율로 참가했다는 점을 강조한다. 그는 바로 이런 점에서 이 행사가 "유익한 긴장과 내적 다양성" 속에서 진행되었다고 한다. 철학과 고전문헌학의 공동 작업이 가져다주는 '긴장과 다양성'은 향후 튀빙겐학파의 특징 가운데 하나로 자리 잡는다. 잘 알려져 있듯이 샤데발트 및 그의 두 제자 크래머와 가이저는 튀빙겐 대학교 고전문헌학과 출신이다. 철학과 고전문헌학의 협업이라는 전통은 독일 학계에서 낯선 것이 아니었지만, 특히 '튀빙겐학파'의 경우에는 오늘날에 이르기까지 강한 특징으로 각인되어 있다고 말할 수 있겠다.

로이터스하우젠 집담회에 발표된 논문들은 『Idee und Zahl』이라는 상징적인 제목의 논문집에 실려 출판되었다. 이 제목에서의 'Idee'가 대화편들에서 드러나는 플라톤의 이론을 가리킨다면, 'Zahl'은 '일자一者, hen'를 원리로 하는 '문자화되지 않은 이론'을 가리킨다고 하겠다.

이 로이터스하우젠 집담회에 참가했던 튀빙겐의 학자 비페른J. Wippern에 의해 튀빙겐학파를 이해하려는 사람에게 교과서적 의미를 갖는 책이 편집되어 출판된다. 『플라톤의 '문자화되지 않은 이론'의 문제』라는 제목과 '플라톤 원리 철학을 이해하기 위한 논문들'이라는 부제가 벌써 이 책의 편집 의도와 목적을 명백하게 드러낸다. 이런 의도와 목적에서 이 책은 3부로 구성되었으며, '문자화되지 않은 이론'을 둘러싼 논쟁의 대표적 논객들의 논문 15편을 실었다. 편집자는 여기에 상당한 분량의 글을 서문으로 덧붙였다.

제1부의 제목은 '문자화되지 않은 이론의 근본 문제'이다. 그 첫 번째 논문으로 통상 '문자화되지 않은 이론'의 존재를 부정하는 대표 논객으로 꼽히는 처니스의 글을 실었다. 제2부의 제목은 '문자화되지 않은 이론의 재구성'인데, 여기에는 플라톤이 말년에 했다는 구두 강의 「좋음에 대하여Peri tagathou」 토막글을 문제 삼는 빌페르트P. Wilpert의 글이 포함되어 있다. 제3부의 제목은 '문자화되지 않은 이론의 지평에서 플라톤 저술을 해석하기'로 되어 있다. 이 책은 탁월한 편집을 통해 튀빙겐학파를 둘러싼 논쟁의 연원과 쟁점을 일목요연하게 보여 주는 데에 성공했다는 평가를 받는다.

이 책에서 비페른은 대화편과 이른바 '문자화되지 않은 이론'이 상보적相補的, komplementär일 수 있다는 것을 보여 준다. '문자화되지 않은 이론'을 이해하기 위해서는 대화편들에 대한 이해가 필요하고, 거꾸로 대화편을 해석하는 데에 있어서는 '문자화되지 않은 이론'을 충분히 고려할 때에만 비로소 그 이해의 지평이 제대로 드러날 것으로 본다.

이처럼 플라톤 철학을 이해하는 데에 있어서 대화편과 '문자화되지 않은 이론'을 함께 고려할 때 기대되는 효과를 비페른은 네 가지로 정리한다. 첫째로, 플라톤의 저술을 더 잘, 보다 명료하게 이해할 수 있다. 둘째로, 글자로 쓰인 것을 넘어서서 볼 수 있는 시야의 확대가 가능해진다. 셋째로, 플라톤 철학에 보다 높은 정도의 통일성을 부여할 수 있다. 넷째로, 플라톤 철학을 희랍 철학사의 흐름에 더 잘 연계시킬 수 있다. 여기에서 네 번째의 것은 파르메니데스 철학, 플라톤 철학, 신플라톤주의로 이어지는 흐름을 말하는 것이라고 하겠다.

4
몇 가지 쟁점

튀빙겐학파의 주장은 격렬한 논쟁을 불러왔다. 수많은 쟁점들이 있고, 또 이 쟁점들은 당연히 서로 연결되어 있다. 그런데 한 편의 논문이 그 많은 쟁점들을 한꺼번에 다룰 수는 없는 노릇이다. 여기에서는 가장 기본적인 두 가지 쟁점만을 살펴보려고 한다.

■ 쟁점 1: 플라톤 연구사

네덜란드의 학자 포헐은 "우리는 진정 플라톤의 이론을 알고 있는 것인가?"라는 도발적인 물음을 던진다. 19세기 초 슐라이어마허F. Schleiermacher는 자신의 플라톤 전집 번역 서문에서 '문자화되지 않은 이론'의 존재, 즉 플라톤이 대화편들에서는 암시만 했을 뿐 전개시키지 않았고 아카데미아에서 구두로 가르쳤다는 이론의 존재를 전면적으로 부정했다. 그 이래로 "비교적 플라톤주의라는 유령das Gespenst eines esoterischen Platonismus"은 상당 기간 동안 축출된 것으로 보였다.

그러나 슐라이어마허의 견해가 지배적이었던 시기에도 트렌델렌부르크F. A. Trendelenburg, 크루크W. T. Krug, 뵈크, 브란디스Ch. A. Brandis, 바이세Ch. H. Weisse 등이 슐라이어마허와는 반대되는 견해를 꾸준히 개진했고, 20세기에 들어서는 로뱅L.

Robin, 버넷J. Burnet, 예거, 테일러A. E. Taylor, 슈텐첼J. Stenzel, 로스 D. Ross, 콘퍼드F. M. Cornford, 곰페르츠H. Gomperz, 베커O. Becker, 퇴플리즈O. Toeplitz, 메를란Ph. Merlan, 젠틸레M. Gentile, 빌렌W. van der Wielen, 빌페르트, 타일러W. Theiler, 포헐 등의 학자들이 '문자화되지 않은 이론'을 진지하게 받아들였을 뿐만 아니라 이를 자신들의 플라톤 해석에 부분적으로 수용하였다.

올림피오도로스가 전하는 '플라톤의 꿈' 이야기를 가이저와 티거스테트E. N. Tigerstedt는 각각 플라톤 철학의 연구사를 주제로 하는 자신의 책에서 소개하고 있다. 두 사람 모두 플라톤 해석의 어려움을 이 꿈 이야기를 통해 보여 주고자 하지만 '문자화되지 않은 이론'과 관련해서는 전혀 다른 길을 걷는다. 여기에서는 크래머와 티거스테트가 플라톤 연구사와 관련하여 얼마나 다른 견해를 보이고 있는지 간략하게 알아보자. 가이저가 아니라 크래머를 티거스테트와 비교하는 것이 적절한 까닭은 티거스테트가 자신의 저서에서 주로 공격한 것은 크래머였고, 크래머 역시 티거스테트의 저서들을 비판적으로 논평했기 때문이다.

크래머는 고대로부터 19세기 초에 이르기까지 플라톤에게 대화편들에는 담겨 있지 않은 비의적 이론이 존재한다는 것이 당연시되었던 것으로 본다. 그에 따르면 '문자화되지 않은 이론'이 존재한다고 보는 견해가 플라톤에 대한 전통적 해석이다. 이런 충분한 근거에 기반을 둔 전통이 순식간에 무너진 것은 오로지 슐라이어마허의 권위 때문이라는 것이다.

이에 반해 티거스테트는 고대의 어느 누구에게서도 튀빙겐학파가 주장하는 것과 같이 플라톤을 해석하는 경우를 찾아볼 수 없다고 한다. 그는 이런 사정이 18세기에 이르기까지 지속되었다고 본다. 그에 따르면 '문자화되지 않은 이론'이 존재한다는 가설은 순전히 텐네만w. G. Tennemann의 발명품에 지나지 않는다. 티거스테트가 보기에는 '문자화되지 않은 이론'이란 없다고 보는 것이 플라톤에 대한 전통적 해석이라고 한다.

이처럼 플라톤 연구사를 바라보는 데에 있어서도 튀빙겐학파와 그 반대쪽의 견해차가 뚜렷하다. 이 견해차는 말과 글의 관계에 있어서도 이어진다. 크래머는 단 한 줄의 글도 쓰지 않은 소크라테스의 철학 정신을 이어받아 플라톤이 말과 글의 차이에 각별히 주목했다고 보는 반면, 티거스테트는 바로 이처럼 말과 글을 과도하게 대립시키는 것이 크래머의 결정적 잘못이라고 주장한다.

■ 쟁점 2: 글에 대한 비판

플라톤이 글에 대하여 비판적인 태도를 분명하게 보여 주는 대목들을 그의 대화편들에서 만나게 된다. 그 가운데에서도 많은 학자들에 의해 활발히 논의된 것은 『파이드로스』 274a-278e와 『제7서한』 340b-345a 부분이다. 이 밖에 『프로타고라스』 329a, 347e, 『폴리티코스』 294a-301a, 『법률』 제3권 701a 및 제12권 968d-e 그리고 위작 여부가 여전히 논란 중인 『제2서한』 314c에서도 글에 대한 비판적 언급을 발견할 수 있다. 글에 대한 플라톤의 비판을 현대를 살아가는 우리가 이해하기란 그리 쉬운 일이 아니다. 그래서 거스리는 우리에게 다음과 같이 권한다. "(플라톤이 글에 대해서 비판적인 태도를 취한다는 사실을: 필자 보충) 제대로 이해하기 위해서는 우리는 무엇보다도 먼저 우리가 살고 있는 오늘날의 세계를 잠시 잊어야만 한다. 현대 세계에는 많은 공공 및 사설 도서관이 있고, 매년 수많은 책들이 쏟아져 나온다. 우리는 구두로 뜻을 전달하는 방식이 문자로 그렇게 하는 것에 비해서 아직도 우위에 있었던 시기로 되돌아가서 생각해야 한다."

글에 대한 비판이 주목을 끄는 것은 그것이 '철학이란 도대체 무엇 하는 작업인가'라는 물음에 대한 답변, 즉 철학의 정체성 규정과도 맞물려 있기 때문이다. 아닌 게 아니라 플라톤은 『파이드로스』에서 글을 비판하고는 곧이어 '철학자는 글을 어떻게 다루어야 하는가', '철학은 글과 관련해서 다른 활동들과 어떻게 다른가'라는 물음을 제기하고는 이 물음에 답한다. 여기에서 '파이디아paidia와 스푸데spoude', '파울라phaula와 티미오테라timiotera'라는 두 개념 쌍이 중요한 역할을 수행한다.

『파이드로스』와 『제7서한』에서의 글에 대한 비판을 어떻게 해석하느냐에 따라 플라톤 철학을 이해하는 데에 있어서 전혀 다른 입장들이 가능해진다. 이미 오래전에 예거는 『파이드로스』에서 해 보이는 글에 대한 비판을 "플라톤 철학이라는 건물에 들어가려면 누구든지 반드시 거쳐야 하는 현관"이라고 하였다. 슬레작은 "플라톤에 관한 새로운 저술치고 『파이드로스』의 글에 대한 비판을 상세히 다루지 않은 책이 없다"라고 지적하고 있다. 이와 비슷하게 에를러M. Erler도 플라톤 연구의 동향에 대해서 다음과 같이 쓰고 있다. "플라톤의 대화편들에 대한 연구 논문을 플라톤이 『파이드로스』에서 쓰인 것들의 가치와 몰가치에 대해 비판적으로 기술한 것, 그가 말과 글의 상관관계에 대해서 언급한 것을 해석하는 일로 시작하는 것이 이제는 분명 하나의 의무처럼 되었다." 아닌 게 아니라 슐라이어마허가 그의 플라톤 해석을 글에 대한 비판과 관련된 문제로부터 시작한 이래로 많은 플라톤 연구서들이 『파이드로스』와 『제7서한』에 나타나는 글에 대한 비판을 해석하는 것으로 시작하고 있음을 본다.

기원전 8세기 중엽 알파벳의 도입과 함께 고대 희랍에서는 말 중심의 문화oral culture로부터 글 중심의 문화literate culture에로의 이행이 긴 세월에 걸쳐서 일어난다. 이런 변화가 플라톤이 살아 철학했던 시기에 그 절정에 달한 것으로 보인다. 『파이드로스』에서 문자를 발명한 테우트Theuth는 예상과는 달리 타모스Thamos에게서 시큰둥한 대꾸를 받는 것으로 묘사된다. 문자는 약인 동시에 독인 파르마콘으로 표현된다. 글 중심의 문화에로의 이행이 일단락된 상황에서 글의 한계와 위험성을 직시한 대표적 인물이 플라톤인 것이다. 그는 많은 글을 썼다. 심지어 그는 쓰면서 죽었다고까지 전해진다. 그런데 사실 그의 글들은 다름 아닌 글에 대한 저항이다. 참으로 가치 있는 것에 대해 단 한 줄의 글이라도 적는 것이 가능한가의 물음에 플라톤은 힘주어 고개를 젓는다.

소크라테스는 그의 철학을 단 한 줄의 글로도 표현하지 않았다. 그에게 있어서 철학함이란 대화하는 것이 전부이다. 소크라테스의 철학 정신으로부터 결정적인 영향을 받았던 플라톤도 자신의 철학을 문자화한다는 점에 대해서 달가워하지 않은 것으로 보인다. 그럼에도 불구하고 굳이 문자화해야 했을 때에 플라톤이 택한 형식이 바로 대화편이다. 플라톤은 그의 대화편들에서 구두로 행해지는 소크라테스적 대화를 될 수 있는 대로 생생하게 모방하려고 시도하는 것이다.

이런 관점과 관련해서 가다머는 다음과 같이 지적한다. "플라톤이 그의 전체 저작에서 그 자신의 이름을 걸고 말하는 것을 극구 피한 것은, 그가 진리를 구하는 혼들의 내적 대화야말로 중요하다고 보기 때문이다. 진리를 구하는 혼들의 내적 대화를 플라톤은 사유라고 부른다. 플라톤은 그 자신의 생각을 오로지 실제로 행해지는 대화를 본뜸으로써만 독자에게 전달하고자 한다." 그가 남긴 대화편들은 살아 숨 쉬는 말을 글이라는 수단을 통해서 생명력을 유지하도록 하려는 안간힘의 소산인 것이다.

『파이드로스』와 『제7서한』의 글에 대한 비판과 관련된 논의로부터 우리는 플라톤이 문헌, 특히 철학적 문헌의 자족성 Autarkie을 아주 명백히 부인함을 본다. 크래머는 슐라이어마허 이래로 플라톤 해석에 있어서 저 "쓰여 있는 것만으로sola scriptura"의 원칙이 지나칠 정도로 강조되어 왔다는 점을 지적한다. 플라톤은 그 자신의 철학적 저작을 본질적으로 자족적이지 않은 것으로 생각했다는 것이다.

5
다시 튀빙겐으로

플라톤 철학을 논의하는 국제적인 정례 학술대회를 표방하고 나선 '튀빙겐 플라톤 대회Tübinger Platon-Tage'라는 명칭의 학술 행사가 2008년 10월 16일부터 4일에 걸쳐 독일 튀빙겐에서 열렸다. 대회 프로그램에는 주최자로 철학과의 코흐Dieter Koch, 고전문헌학과의 맨라인-로베르트 교수 및 포룸 스키엔티아룸Forum Scientiarum의 사무국장 바이트만 박사Dr. Niels Weidtmann의 이름이 올라 있다. 철학과와 고전문헌학과의 유별난 협업이야말로 튀빙겐 대학교의 전통이기에 이 학술 대회 역시 이 두 학과의 공동 주최로 열렸다는 것은 놀랄 일이 아니다. 눈길을 끄는 것은 포룸 스키엔티아룸의 참여이다. 이 조직은 학제적學際的 대화를 목표로 설정된 튀빙겐 대학교 공식 기관이며, 조직의 수장은 튀빙겐 대학교 총장이 맡도록 되어 있다. 철학과 및 고전문헌학과와 함께 포룸 스키엔티아룸이 공동 주최를 맡았다는 점이 이 학술 대회의 위상을 말해 준다고 하겠다. 이런 위상에 걸맞게 대회 개막 인사는 튀빙겐 대학교 부총장인 그로퍼Stephanie Gropper 교수가 했다. 4일 동안의 대회가 열린 장소 역시 포룸 스키엔티아룸 건물이었다. 대회 프로그램에는 자못 비장하게까지 들릴 수 있는 취지문이 실려 있다. 이에 따르면 "튀빙겐 플라톤 대회는 튀빙겐의 유구한 플라톤 연구 전통을 독일 내외의 전문 학자들에게 다시 강력히 환기시킴과 동시에 현대의 플라톤 연구 성과를 동력 삼아 이 플라톤 전통을 되살린다는 생각으로 개최된다"라고 한다. 매 2년마다 열기로 한 '튀빙겐 플라톤 대회'는 "플라톤의 대화편들과 플라톤 철학뿐만 아니라 후기 고대 및 르네상스 시대의 플라톤 수용까지도 포괄해서 중요 문제들을 다룬다"라고 선언하고 있다. 비록 '튀빙겐학파'라는 표현을 명시적으로 쓰고 있지는 않지만 "튀빙겐의 유구한 플라톤 연구 전통die lange Tübinger Platon-Tradition"이라는 표현이 '튀빙겐학파'를 가리킨다고 보아도 무방할 것이다.

이 행사의 '제1회'로 기록된 2008년 대회의 주제는 '플라톤과 신적인 것Platon und das Göttliche'이었다. 이 주제로 수렴되는 10편의 논문이 발표되었고, 대회 일정 가운데에는 『파이드로스』 246a-247e와 『법률』 896b10-897de를 대상으로 한 강독회도 각각 포함되어 있었다. 10명의 발표자 가운데 독일 이외의 지역에서 온 참가자로는 크로아티아 자그레브 대학의 바르바리치Damir Barbarić, 이탈리아 로마 대학의 아로나디오Francesco Aronadio, 살레르노 대학의 페라리Franco Ferrari, 체코 프라하 대학의 카르픽Filip Karfik이 있었고, 독일 학자로는 뷔르츠부르크 대학의 에를러를 제외하면 5명이 모두 튀빙겐 학자였다. 단연 주목을 받은 것은 대회 일정 내내 좌장 역할을 한 튀빙겐 대학의 슐레작과 에를러의 발표였다.

제2회 '튀빙겐 플라톤 대회'는 제1회 대회 프로그램에서 예고한 대로 정확히 2년 뒤인 2010년 4월 15일부터 사흘간 개최되었다. 이 대회 프로그램은 제1회 대회의 프로그램과 똑같은 디자인과 형식을 취하고 있다. 1면에 실린 플라톤 두상頭像도 그대로이고, 대회 취지문 역시 단어 하나 변경 없이 제1회의 것을 그대로 실었다. 대회 주최자와 대회 장소도 동일하다. 이런 점은 정례적인 국제 플라톤 학술 대회를 지향한다는 연속성의 의도를 드러내는 것으로 받아들여진다. 2010년 대회의 주제는 '플라톤과 무지케Platon und die Mousike'였다. 이 주제로 수렴되는 11편의 논문이 발표되었고, 『국가』 400d1-403c8을 대상으로 한 강독회도 포함되어 있었다. 발표자 가운데 독일 이외의 지역에서 온 참가자로는 크로아티아 자그레브 대학의 세게딘Petar Segedin, 스위스 프리부르 대학 오메아라Dominic O'Meara가 있었다. 단연 주목을 받은 것은 과거 튀빙겐 대학교에 있다가 프라이부르크 대학으로 자리를 옮긴 피갈Günter Figal

의 강연과 오메아라의 발표였다. 학술 대회 프로그램에는 주제가 주제인 만큼 튀빙겐을 대표하는 시인 횔덜린Hölderlin이 만년을 보낸 횔덜린 건물Hölderlinturm에서의 음악회도 포함되었다. 아직 조심스러운 발걸음에 지나지 않지만 '튀빙겐학파'는 '튀빙겐 플라톤 대회'를 통해 계승되는 것으로 평가된다. 시선은 다시 튀빙겐으로 쏠린다.

맺으면서

플라톤 철학을 이해하는 일은 큰 산에 오르는 것과 같다고 한다. 큰 산에 오르자면 으레 숨이 곧 넘어갈 것만 같은 깔딱 고개를 넘어야만 한다. 몹시 힘들지만, 일단 정상에 서기만 하면 발아래로 올망졸망 봉우리들이 다 내려다보인다. 플라톤 이라는 큰 산을 이해하면 그보다 작은 봉우리들은 어렵지 않게 이해된다.

16세기 초 교황 율리우스 2세는 천재적 예술가 라파엘로 Sanzio Raffaello(1483-1520)에게 자신의 거주 공간을 장식하는 일을 맡긴다. 자신보다 먼저 작업에 착수한 미켈란젤로의 걸작 시스티나 성당 천장화를 보았던 젊은 라파엘로는 존경하는 미켈란젤로를 능가하겠다는 각오로 '서명의 방Stanza della Segnatura', '엘리오도로의 방Stanza di Eliodoro', '콘스탄티누스의 방Stanza di Constantino', '보르고 화재의 방Stanza dell'Incendio di Borgo'의 벽과 천장을 장식하는 프레스코화를 그린다. 프레스코는 회칠을 한 후 회가 마르기 전에 그림을 그리는 기법을 말한다. 네 개의 방 가운데에서도 '서명의 방'은 교황이 각종 공식 문서에 서명을 하는 중요한 임무를 수행하는 개인 서재였다. 이 방의 네 벽에 라파엘로는 각각 철학, 신학, 법학, 문학(혹은 예술)을 주제로 한 프레스코화를 그리는데, 주제가 된 네 개의 학문은 중세 말 근대 초에 탄생해서 성장해 가는 대학의 중심 학문이었다.

철학을 주제로 한 벽화는 흔히 〈아테네 학당Scuola di Atene〉이라는 이름으로 불린다. 벽화에는 모두 54명의 서양 고대 지성이 등장한다. 대부분 철학자이고 과학자, 종교인, 예술가가 끼어 있다. 철학자의 경우에는 서양 고대철학사를 응축시켜 놓은 듯 주요 철학자들이 망라되어 있다. 한눈에 보는 서양 고대 지성의 향연이라 할 만하다. 등장인물을 성별로 나누어 보자면 53명의 남성과 1명의 여성인데, 이 유일한 여성은 참혹하게 생을 마감한 알렉산드리아의 철학자 겸 수학자 히파티

라파엘로, 〈아테네 학당〉, 1511, 프레스코, 820×580cm, 서명의 방 소장.

아Hypatia이다. 그림 왼쪽 피타고라스와 헤라클레이토스 사이에 흰옷을 입고 서 있다.

54명 등장인물이 모여 있는 곳은 브라만테Donato Bramante의 성 베드로 성당 설계 도면을 연상시키는 건축물이다. 둥근 천장의 이 웅장한 건축물 왼쪽과 오른쪽에는 벽감壁龕이 설치되어 있고, 각각 아폴론과 아테나 조각이 들어서 있다. 둘 다 학문과 지혜를 상징한다. 라파엘로는 4단으로 된 긴 대리석 계단의 위아래로 54명을 서거니 앉거니 배치했는데 전체적으로 수평적 구조를 보여 준다. 이는 맞은편 벽에 신학 주제의 〈성체 논의〉가 수직적 구조로 되어 있는 것과 대조를 이룬다.

라파엘로는 자기 시대의 인물을 등장인물의 모델로 삼았다고 한다. 플라톤의 경우에는 존경하는 다빈치에 대한 오마주로서 그의 얼굴을 그려 넣었다고 한다. 미켈란젤로의 얼굴은 벽화 중앙부 턱을 괴고 심각한 고민에 빠진 헤라클레이토스에게서 찾을 수 있는데, 초기 도면에는 그렇지 않은 것으로 보아 마지막 시기에 그렇게 그려 넣었을 것으로 추정된다. 20대 후반의 라파엘로는 자신의 얼굴도 빼놓지 않았다. 벽화 오른쪽 끝에서 두 번째 인물은 검은 모자를 쓰고 서서 고개를 앞으로 향하는데 장난스러운 라파엘로가 자신의 얼굴을 그린 것으로 알려져 있다. 관람객이 이 큰 벽화 앞에 서면 53명의 등장인물의 시선이 각각 다른 곳을 향하고 유일하게 한 명의 등장인물만 관람객과 눈을 마주치는데, 그것이 바로 라파엘로이다. 벽화를 그린 이 라파엘로가 관람객에게 인사를 건네는 격이다.

많은 인물이 등장하는데도 전체적으로 보아서 산만하지 않은 것은 바로 이 벽화가 1점 소실 원근법 구조를 보이기 때문이다. 그림 중앙 대리석 계단 위 나란히 선 두 철학자가 중심을 이루고 모든 시선은 여기로 모인다. 이 두 철학자는 플라톤과 아리스토텔레스이다. 라파엘로는 서양 고대 지성의 중심을 플라톤과 아리스토텔레스로 본 것이다. 그런데 주목해야 할 점은 두 철학자의 엇갈린 오른팔 방향이다. 플라톤은 왼팔에 『티마이오스』라는 저서를 끼고 오른팔을 들어 하늘을 가리키고 있고, 아리스토텔레스는 왼팔로 『윤리학』이라는 저서를 들고 오른팔을 앞으로 뻗고 손바닥을 아래로 향한다. 플라톤이 위를 가리키고 아리스토텔레스가 아래를 가리키는 설정은 사제 간이면서 너무도 대조적인 두 철학자의 형이상학적 특징을 드러낸다.

플라톤의 초월적, 직관적 사유와 아리스토텔레스의 내재적, 경험적 사유의 대비를 라파엘로는 반대 방향으로 향하는 팔로 나타냈다. 두 철학자의 많은 저술들 가운데 하필 『티마이오스』와 『윤리학』을 택한 것도 절묘하다. 플라톤의 대화편 『티마이오스』는 우주론을 주제로 삼고 있어 하늘과 관련이 있고, 아리스토텔레스가 세 가지 저술을 남긴 『윤리학』은 인간의 삶과 행위를 문제 삼는다.

아테네의 중심 광장인 신타그마 광장에서 출발하여 파네피스티미우 거리로 접어들면 신고전주의 양식의 세 건물이 나란히 서 있는 것을 볼 수 있다. 파네피스티미우 거리는 의미상 '모든 학문의 거리', 우리의 대학로에 해당한다고 보면 되겠다. 덴마크 출신의 형제 건축가 크리스티안 한센Christian Hansen과 테오필 한센Theophil Hansen이 설계한 세 건물은 '아테네 학술원', '아테네 대학교 본관' 그리고 '국립 도서관'이다. 아테네 학술원Academy of Athens은 다른 나라 학술원과 마찬가지로 그 이름을 플라톤 아카데미아에서 가져왔고 그리스 학문의 총본산이다. 이 건물 앞에는 좌우 양쪽으로 거대한 이오니아식 기둥

위에 두 신이 서 있다. 라파엘로 〈아테네 학당〉 좌우 벽감과 마찬가지로 이번에도 아폴론과 아테나이다. 게다가 생김새가 매우 비슷하다. 현악기를 들고 있는 아폴론과 창과 방패로 무장한 아테나는 각각 로마와 아테네에서 고대의 지혜와 지성을 나타내고 있는 것이다.

아테네 학술원 앞에는 두 인물의 좌상도 있다. 소크라테스와 플라톤이다. 〈아테네 학당〉에서는 플라톤과 아리스토텔레스가 중앙에 배치되고 소크라테스는 왼쪽에 치우쳐 있는 데 반해 아테네 학술원에서는 소크라테스와 플라톤이 앉아 있다. 여기에는 폴리스 개념이 들어 있는 것으로 보인다. 소크라테스와 플라톤은 아테네 사람인 반면 아리스토텔레스는 마케도니아 사람이다. 아테네 학술원 앞에서는 아리스토텔레스를 찾을 수 없지만, 북부 그리스에 위치한 아리스토텔레스의 고향에서는 그의 동상들과 그의 이름을 딴 기념 공원을 만날 수 있다.

라파엘로의 벽화 〈아테네 학당〉과 건축물 아테네 학술원을 통해 지성사 혹은 철학사에 있어서 플라톤의 각별한 위상을 확인할 수 있었다. 이런 점과 관련해서 빈번하게 인용되는 것이 유기체 철학자 화이트헤드A. N. Whitehead의 주장이다. 그는 『과정과 실재』에서 "플라톤 이후 서양 철학사는 플라톤 철학에 대한 각주의 역사"라고 한다. 플라톤 이후 많은 철학자들이 등장하고 각각 다양한 주장과 이론을 제기하지만, 따지고 보면 실은 플라톤 철학에 대해 이렇게 저렇게 각주를 단 데에 지나지 않는다는 것이다. 이보다 더 격정적으로 플라톤 철학을 칭송할 수는 없을 것이다. 플라톤주의자들에게는 반길 만한 표현이지만 균형 감각을 잃었다고 하지 않을 수 없다. 플라톤 철학에 대한 칭송과 애정이라면 미국 사상가 에머슨 R. W. Emerson도 못지않다. 그는 "플라톤이 곧 철학이고, 철학은 플라톤"이라고 한다. 단호한 플라톤주의자의 자기 고백이다.

독일 철학자 나토르프도 플라톤을 강조하지만 그의 주장에는 충분한 설득력 있다. 그는 "플라톤 철학은 철학이라는 건물에 들어가는 현관"이라고 한다. 입학식이 따로 없는 독일 대학에서 학생들이 철학의 길로 들어서는 것은 플라톤 대화편을 읽는 세미나에 참석하는 것으로 시작된다. 교육과 학습의 관점에서 플라톤 대화편은 학생들을 철학의 길로 이끄는 최적의 교재요, 플라톤은 최적의 교사라고 할 만하다.

독일 철학자 헬트K. Held는 '지중해 철학 여행 안내서'라는 홍미로운 부제를 단 책에서 지중해 여러 곳을 두루 탐방하면서 기원전 6세기부터 기원후 6세기에 이르는 고대의 철학, 14세기부터 16세기에 이르는 르네상스 시대의 철학을 현장에서 생생하게 들려준다. 밀레토스, 에페소스, 아테네, 로마, 피렌체, 세비야 등 지중해 곳곳을 찾아가고 거기에서 활동한 수많은 철학자를 소개하는 이 책의 독일어 제목은 『트렙푼크트 플라톤*Treffpunkt Platon*』이다. 독일어 단어 '트렙푼크트*Treffpunkt*'는 삼거리나 사거리처럼 길이 '만나는 곳', '모이는 곳', '약속 장소'를 뜻한다. 수많은 철학자가 등장하는데도 하필 '플라톤을 만나는 곳'이라고 한 것은 앞의 화이트헤드, 에머슨, 나토르프의 생각과 다르지 않다.

그렇지만 라파엘로의 〈아테네 학당〉 인물 배치를 염두에 두고 화이트헤드의 표현을 이렇게 바꾸어 보면 어떨까. "플라톤과 아리스토텔레스 이후 서양 철학사는 플라톤과 아리스토텔레스 철학에 대한 각주의 역사이다." 플라톤과 아리스토텔레스의 철학을 하나의 큰 저수지로 보면 플라톤과 아리스토텔레스 이전의 철학이라는 물줄기들은 모두 플라톤과 아리스토텔레스라는 저수지에 합류하고, 플라톤과 아리스토텔레스 이후의 철학은 모두 플라톤과 아리스토텔레스라는 저수지에서 발원한 물줄기들이다. 플라톤과 아리스토텔레스는 서양 고대 철학, 서양 고대 지성계의 두 정상, 쌍벽이다.

독일의 작가 슐레겔F. Schlegel은 이 너무도 대조적인 두 거장을 두고 "사람은 태어나면서부터 플라톤적이든지 아리스토텔레스적이다"라고 했다. 플라톤적으로 태어나지도 않았고 아리스토텔레스적으로 태어나지도 않은 우리 한국 사람은 별 감흥을 느끼지 못하지만, 서양 사람들은 이 말을 듣고는 무릎을 친다고 한다. 그러니까 서양 사람의 반은 플라톤적이요 또 다른 반은 아리스토텔레스적이라고 하면 틀린 소리가 아니라는 것이다.

〈아테네 학당〉에서의 엇갈린 오른손처럼 두 거장 사이의 구별점을 잘 드러낸 표현도 있다. 연구자 가우스H. Gauss는 "누구든지 플라톤 철학을 신봉하는 자는 이 철학을 위해 죽을 수도 있지만, 아리스토텔레스 철학을 신봉하는 자는 그 철학을 위해 죽을 이유가 하나도 없다"라고 한다. 가우스의 이 말은 실천성을 특징으로 하는 플라톤 철학과 행복을 관조에서 찾은 아리스토텔레스 철학을 대비시킨다.

참고문헌

권창은·강정인,『소크라테스는 악법도 법이라고 말하지 않았다』, 고려대학교출판부, 2005.

김주일,『소크라테스는 '악법도 법이다'라고 말하지 않았다』, 프로네시스, 2006.

르노, 클로드 퓌자드,『플라톤은 아팠다』, 고재정 옮김, 푸른숲, 2001.

마르틴, 고트프리트,『대화의 철학 소크라테스』, 이강서 옮김, 한길사, 2004.

_____,『진리의 현관 플라톤』, 이강서 옮김, 한길사, 2004.

매리노프, 루,『철학으로 마음의 병을 치료한다』, 이종인 옮김, 해냄, 2000.

박종현,『플라톤─메논, 파이돈, 국가』, 서울대학교출판부, 1987.

예거, 베르너,『파이데이아 1』, 김남우 옮김, 아카넷, 2019.

이강서,「플라톤의 PAIDEIA 이념」,『대동철학』제8집, 2000.

_____,「exoterika와 esoterika: 희랍철학의 두 통로」,『범한철학』제24집, 2001.

_____,『생각하고 토론하는 서양철학 이야기 1(고대─서양 철학의 탄생)』, 책세상, 2006.

_____,「튀빙엔 학파─연원과 쟁점」,『범한철학』제64집, 2012.

_____,『죽음을 생각한다는 것』, 모시는사람들, 2015.

_____,「사랑이 모든 것을 이긴다」,『고전에 비추어보다』, 심미안, 2017.

_____,「플라톤의 편지 지중해를 건너다」,『마음으로 닿기를… 편지』, 심미안, 2019.

플라톤, 『국가·정체』, 박종현 옮김, 서광사, 1997.

_____, 『에우티프론, 소크라테스의 변론, 크리톤, 파이돈』, 박종현 옮김, 서광사, 2003.

_____, 『법률』, 박종현 옮김, 서광사, 2009.

_____, 『편지들』, 강철웅·김주일·이정호 옮김, 이제이북스, 2009.

_____, 『향연』, 강철웅 옮김, 이제이북스, 2010.

_____, 『파이돈』, 전헌상 옮김, 이제이북스, 2013.

_____, 『소크라테스의 변명』, 강철웅 옮김, 이제이북스, 2014.

_____, 『향연, 파이드로스, 리시스』, 박종현 옮김, 서광사, 2016.

_____, 『플라톤의 법률 1, 2』, 김남두 외 5인 옮김, 나남, 2018.

헬트, 클라우스, 『지중해 철학기행』, 이강서 옮김, 효형출판, 2007.

호메로스, 『일리아스』, 천병희 옮김, 숲, 2007.

Guthrie, W. K. C., *A History of Greek Philosophy*, Cambridge, 1978.

Hamilton, E. and H. Cairns, *Plato—The Collected Dialogues*, Princeton, 1961.

Jaeger, W., *Paideia*, Berlin, 1947.

Laertius, Diogenes, *Lives of Eminent Philosophers*, Cambridge, Mass.: Harvard University Press, 1925.

Reinhardt, K., *Platons Mythen*, Bonn, 1927.

Westerink, L. G. (ed.), *Olympiodoros, Commentary on the First Alcibiades of Plato*, Amsterdam, 1956.

세창사상가산책 **19** │ 플라톤